REFLEXÕES SOBRE EDUCAÇÃO SUPERIOR

Blucher

REFLEXÕES SOBRE EDUCAÇÃO SUPERIOR

A UNIVERSIDADE E SEU COMPROMISSO COM A SOCIEDADE

Marcelo Knobel

Reflexões sobre educação superior: a universidade e seu compromisso com a sociedade

Editora Edgard Blücher Ltda.

Publisher Edgard Blücher
Editor Eduardo Blücher
Coordenação editorial Jonatas Eliakim
Produção editorial Luana Negraes
Preparação de texto Bárbara Waida
Diagramação Laércio Flenic
Revisão de texto Catarina Tolentino
Capa Laércio Flenic
Imagem da capa Keila Knobel

Blucher

Rua Pedroso Alvarenga, 1245, 4º andar
04531-012 - São Paulo - SP - Brasil
Fax 55 11 3079 2707
Tel 55 11 3078 5366
contato@blucher.com.br
www.blucher.com.br

Segundo o Novo Acordo Ortográfico, conforme 5. ed. do Vocabulário Ortográfico da Língua Portuguesa, Academia Brasileira de Letras, março de 2009.

Dados Internacionais de Catalogação na Publicação (CIP)
Angélica Ilacqua CRB-8/7057

Knobel, Marcelo
Reflexões sobre a educação superior: a universidade e seu compromisso com a sociedade / Marcelo Knobel. - 1 ed. - São Paulo : Blucher, 2021.
244 p.

Bibliografia
ISBN 978-65-5506-143-7 (impresso)
ISBN 978-65-5506-138-3 (eletrônico)

1. Ensino superior - Brasil. 2. Ensino superior - Brasil - Aspectos sociais. I. Título

21-4526 CDD 378.81

Índice para catálogo sistemático:
1. Ensino superior - Brasil

Conteúdo

PARTE III - A universidade em perspectiva

PARTE IV - A comunidade acadêmica

PARTE V - O orçamento

PARTE VI - A formação

PARTE VII - Universidade e sociedade

PARTE VIII - O futuro

Introdução

Escrevo estas linhas pouco mais de um mês após ter deixado a Reitoria da Universidade Estadual de Campinas (Unicamp), com sensação de felicidade pelo dever cumprido e de leveza, por não ter que tomar pelo menos uma decisão difícil por dia. Resolvi compilar diversos textos que tenho escrito sobre educação superior ao longo da minha incursão por essa área, que começou de fato quando fui pró-reitor de graduação na gestão do Prof. Fernando Costa (de 2009 a 2013). Assim, este livro recupera praticamente uma década de ideias e opiniões sobre educação superior no Brasil e na América Latina, a partir de textos variados, que vão de cartas a manifestos, passando por artigos de opinião e discursos realizados em diferentes contextos. Em muitos casos, como era de se esperar, falo da Unicamp ou do Estado de São Paulo. Mas, apesar de ter um recorte que aparentemente é localizado, na maioria das vezes a discussão se aplica a outros contextos e, em certas situações podem até servir de exemplos para outras universidades ou instituições. Alguns textos, principalmente as cartas e discursos, têm um forte aspecto pessoal. Achei importante colocá-los para tentar passar um pouco dos meus sentimentos neste tema que me apaixonou. Todos os textos têm um comentário que atualiza o tema ou explica o contexto em que foi escrito.

O sistema de educação superior brasileiro é bastante heterogêneo e tem muitas dimensões diferentes. Nesses textos, o meu foco principal é a universidade pública de pesquisa, que tem diversos desafios para seguir avançando. De uma maneira geral, busco discutir assuntos mais abrangentes, com uma visão mais geral sobre o sistema como um todo, e tento sempre dar uma opinião clara sobre cada assunto. Evidentemente, nem todos irão concordar com algumas visões, mas o objetivo principal é realmente provocar a discussão, sugerir o debate. Há muitos assuntos relevantes que não são tratados, ou são mencionados superficialmente. Entre eles, deixo de discutir alguns temas como: rigidez do sistema de educação superior, a avaliação da qualidade, os sistemas de governança, a importância da extensão universitária, a questão dos hospitais universitários, o sistema de pós-graduação, o setor privado, as universidades de ensino, a educação à distância, a burocracia, entre outros. Esses assuntos ficarão para outro momento...

Cabem aqui também os agradecimentos, que são muitos. Tive a honra de conviver de maneira muito próxima com grandes lideranças da Unicamp, que me ensinaram muito: Rogerio Cezar de Cerqueira Leite, José Aristodemo Pinotti, Cylon E.T.C. da Silva, Carlos A. Vogt, José Martins Filho, Carlos Henrique de Brito Cruz, Fernando Ferreira Costa. Fundamentais também foram as discussões com grandes nomes da Educação Superior com quem tive o privilégio de debater ideias: Simon Schwartzman, Elizabeth Balbachevsky, Robert Verhine, Joaquim José Soares Neto, Philip Altbach, Liz Reisberg, Jamil Salmi, Francisco Marmolejo, Andrés Bernasconi, Renato Pedrosa, Marion Lloyd, John Douglass, Erich Dietrich, Marta Losada, Eva Egron-Polak, Patti McGill Peterson, Hans de Wit, Eric Bettinger, Martin Carnoy, Paulo Blikstein, John Aubrey Douglass. Quero também ressaltar o excelente convívio com os Reitores de outras universidades brasileiras e latino-americanas, mas destaco principalmente a atuação próxima que tivemos no Conselho de Reitores das Universidades Estaduais Paulistas (CRUESP) com os Reitores Marco Antônio Zago e Vahan Agopyan (USP), e Sandro Valentini e Pasqual Barretti (UNESP).

Agradeço também aos diversos coautores de alguns textos que aparecem no livro: Néri de Barros Almeida, Eliana Martorano Amaral,

Nancy Lopes Garcia, Fernanda Leal, José Alves de Freitas Neto, Simon Schwartzman, Wagner Romão, Fernanda de Negri, Carlos Henrique de Brito Cruz, Alcir Pécora, Fernando Paixão, Eliana Ayoub, Guilherme Prado, Teresa Dib Zambon Atvars, e Marco Aurélio Pinheiro Lima. A colaboração e troca de ideias é fundamental para a discussão de temas tão complexos e relevantes. Agradeço de forma muito especial à Rachel Bueno Brandão, Clayton Levy e Ricardo Lima, que fizeram a versão inicial, revisão e/ou a edição final de diversos textos deste livro. O meu amigo Paulo Franchetti teve muita paciência em diversos casos para editar e dar um tom adequado a vários textos. Uma atualização, edição e organização dos textos foi feita por Carol Gama e Daniel Bergamasco durante a pandemia em 2020, a quem também devo um agradecimento especial. Agradeço ainda à Vivian Rio Stella pela leitura atenta, e diversas sugestões de organização do livro. Finalmente, gostaria de agradecer ao Eduardo Blucher por acreditar na ideia desde a primeira conversa, e a toda a equipe de editores e revisores da Editora Blucher pelo cuidado.

Um agradecimento carinhoso à toda a equipe que me acompanhou durante a gestão na Reitoria da Unicamp, de 2017 a 2021. Foram anos desafiadores, e o aprendizado conjunto foi enorme.

Muito obrigado à minha família, pelo apoio incondicional em todas as horas e que são a razão de minha vida. Dedico este livro à memória de meu pai, Maurício Knobel, que foi professor emérito desta universidade que amo tanto. Ele foi um pesquisador reconhecido internacionalmente, e um professor que dava aulas inesquecíveis. Gostaria muito que ele tivesse tido a oportunidade de ler e comentar o que eu desejo expressar aqui. Saudades!

Marcelo Knobel
Agosto de 2021

PARTE I
Eu, Reitor

Discurso de posse como reitor

"Por que você quis se tornar reitor?" Eu mesmo já fiz essa pergunta a colegas de outras universidades. Contudo, quando o questionado sou eu, nunca respondo em linha reta, pois não é assim que enxergo a trajetória na Unicamp, que vem muito antes de eu me tornar calouro no curso de Física. Primeiro, surge uma iniciativa pontual na área administrativa; em seguida, a oportunidade de criar um museu... Os projetos vão ficando maiores. Quando você se dá conta, a sua missão se expandiu mais uma vez. Em 19 de abril de 2017, no discurso de posse, entendi que precisava resgatar um pouco de história para seguir firme em frente. Eu disse o seguinte:

"Boa noite!

É com grande satisfação e orgulho, contrabalançados pelo peso da responsabilidade que os acompanha, que estou aqui hoje para tomar posse como reitor, nesta cerimônia que dá início à décima segunda Reitoria da Unicamp.

Nossa universidade é muito jovem. Completou recentemente cinquenta anos. Apenas dois a mais do que este professor, a quem cabe agora trabalhar por ela, aprender com ela, contribuir para a sua consolidação.

A juventude da nossa universidade e a medida do seu enorme progresso em tão curto tempo são atestadas de uma forma simples: pela constatação de que há aqui hoje, nesta cerimônia, diversas pessoas que a viram nascer. De fato, há ex-alunos das primeiras turmas, há professores e funcionários que aqui chegaram quando este *campus* era um descampado sem árvores e com poucos edifícios. A eles, como também aos que já não estão entre nós, devemos muito. Uma coisa que devemos a eles é a consciência da nossa responsabilidade em continuar o trabalho que fizeram e ainda fazem pela universidade e pela sociedade que a mantém. É o nosso sentimento de pertencimento a uma comunidade empenhada no bem comum, na melhoria e no crescimento da Unicamp.

Creio que a maior parte das pessoas que há vários anos trabalha ou trabalhou na Unicamp tem com esta universidade uma relação que vai além do escopo meramente profissional. Porque, justamente pela juventude da Unicamp, é fácil sentir que a universidade é, em certo sentido, mais do que fruto do nosso trabalho, nossa contemporânea. Eu mesmo tenho essa sensação, pois a Unicamp não só foi uma presença constante na minha vida, desde a infância, mas ainda tive a honra de ter conhecido todos os seus ex-reitores, cuja linha de sucessão integro neste momento e aos quais formalizo aqui a minha homenagem.

Nasci na Argentina e, quando tinha oito anos de idade, em 1976, meu pai, o psicanalista Maurício Knobel, foi expulso pela recém-implantada ditadura militar – sob a acusação de atividades subversivas – da cátedra na qual era titular na Universidade de Buenos Aires.

Diz a sabedoria popular que, quando uma porta se fecha, outra se abre. Nem sempre isso é verdade. Mas nesse caso foi porque, no mesmo ano, meu pai viria a ser convidado pelo José Aristodemo Pinotti, então diretor da Faculdade de Ciências Médicas (FCM), e pelo reitor Zeferino Vaz, para organizar o Departamento de Psicologia Médica e Psiquiatria da Unicamp. Em consequência, minha família mudou-se para Campinas, com a intenção inicial de ficar apenas dois anos. Nessa época, conheci o professor Zeferino e o professor Pinotti, com quem estabelecemos uma relação de amizade familiar duradoura. Posteriormente, conheci também o professor Plinio Alves de Moraes, que sucedeu o professor Zeferino na Reitoria.

Aos 17 anos me tornei, de fato, parte da comunidade da Unicamp, para além das relações familiares, pois ingressei no Curso de Bacharelado em Física. Para desespero de meu pai – devo dizer –, pois ele queria que eu seguisse carreira na área da Saúde e até tentou dissuadir-me. Usou, porém, uma estratégia errada: levou-me para conversar com o professor Rogério Cerqueira Leite, notável cientista da área da Física e importante personagem na história da Unicamp. Já se vê que o efeito só podia ser o oposto do que ele esperava! Escolhi o curso por curiosidade, sem saber direito o que iria estudar – como acontece com muitos alunos –, mas já no primeiro semestre percebi que era aquilo que eu queria para a minha vida, pois a Física seria um caminho para entender a natureza.

No ano em que entrei na universidade, 1986, a Unicamp estava no momento de escolha do novo reitor, fato que me marcou bastante. Tive aula de "Estudos de problemas brasileiros" com o professor Rogério, que era candidato à Reitoria. Entretanto, o eleito naquele ano foi o professor Paulo Renato, com quem posteriormente também tive bastante contato por vários motivos. Um deles foi a minha atuação no movimento estudantil, participando do Centro Acadêmico da Física e de chapas para o DCE. Além disso, fiquei muito amigo do Luiz Gustavo dos Santos, o Tatá, filho do professor Irineu, que atuava naquela gestão. Aqui, antes de prosseguir, gostaria de abrir um parêntese para homenagear esse amigo querido, a quem tanto devo e de quem tenho muitas saudades.

Já que o assunto é homenagem e agradecimento, quero registrar que, logo no início da graduação, tive aula de laboratório com a professora Reiko Sato, com quem fiz a iniciação científica e o doutorado, trabalhando com nanocristais magnéticos, área na qual segui toda a minha carreira na Física. Dela guardo o exemplo da extrema dedicação de uma verdadeira professora, o qual procurei seguir ao longo da vida. Por isso, quebrando o protocolo de um discurso dessa natureza, queria dizer: um beijo, Reiko, e obrigado por tudo!

Voltando agora ao fio da narrativa... Quando ingressei no mestrado, em 1990, houve uma nova campanha para a Reitoria. Já familiarizado com a instituição e suas instâncias políticas e administrativas, envolvi-me mais diretamente na campanha do professor Carlos Vogt, participando de debates e ajudando a panfletar pela universidade. Com o Vogt, tive posteriormente diversas oportunidades de colaborar no âmbito acadêmico, e ele se tornou um verdadeiro conselheiro e amigo.

No que diz respeito à minha própria carreira acadêmica, 1992 também foi o ano no qual minha orientadora resolveu se aposentar e sair da Unicamp, o que obrigou a me apressar de tal modo que fiz o doutorado direto, em 3 anos. Finalmente, após dois anos de estágios de pós-doutorado no exterior, prestei concurso e, aos 27 anos, tive a honra de continuar a pertencer à Unicamp, agora como professor.

Desde então tenho atuado tanto no ensino e na pesquisa quanto na divulgação científica. É que me tornei cientista por gostar de livros e de revistas de divulgação científica. Por isso acredito que devemos incentivar as novas gerações a pensar criticamente, a ter curiosidade, a desvendar os mistérios que nos cercam. Por isso também acredito que a divulgação das ciências, no sentido mais amplo, é o caminho que o Brasil precisa para estimular jovens talentos, porque sem eles não teremos futuro.

Quando ingressei na Unicamp como professor, estávamos na gestão do professor Martins, quem também conhecia há muito tempo, pois havia sido meu pediatra quando nos mudamos para Campinas. Mais adiante, na gestão do professor Hermano Tavares, comecei a dar meus primeiros passos na carreira administrativa na universidade: primeiro, como coordenador associado de graduação na Física; depois, como coordenador do Núcleo de Desenvolvimento da Criatividade (Nudecri).

Posteriormente, na gestão do professor Brito, iniciamos as discussões e o desenvolvimento do Museu Exploratório de Ciências. Foi um momento estimulante, de elaboração de projeto e fortalecimento de uma relação de colaboração e amizade que datava do período em que ele foi diretor do Instituto de Física Gleb Wataghin (IFGW). O Museu de Ciências veio a se consolidar na primeira gestão do professor Tadeu, com a qual também colaborei organizando o Encontro Anual da Sociedade Brasileira para o Progresso da Ciência, em 2008.

Já em 2009, o professor Fernando Costa, quem eu pouco conhecia, me ofereceu uma enorme oportunidade de ação ao confiar a mim a Pró-Reitoria de Graduação. Foi uma experiência incrível ter participado dessa gestão, na qual conseguimos realizar muitos projetos com uma ótima equipe. Estou seguro de que os anos de trabalho à frente dessa Pró-Reitoria permitiram-me um aprendizado que será muito útil neste novo desafio.

Finalmente, na gestão que hoje se encerra atuei como representante docente no Consu. Neste momento, em que se dá a transmissão do mandato, quero expressar o meu sincero agradecimento ao professor José Tadeu Jorge pela total colaboração nas ações necessárias à transição. Esse agradecimento se estende, é claro, a toda a sua equipe, aos seus assessores diretos e aos demais funcionários da Reitoria.

Para encerrar esse breve relato do entrelaçamento da minha vida com a vida da Unicamp, quero agradecer mais uma vez a todos os que fazem desta universidade o que ela é. Agradeço aos funcionários que me auxiliaram, com dedicação e carinho, em todos os momentos da minha vida na Unicamp. Agradeço aos ex-professores, muitos deles presentes nessa cerimônia de hoje, que contribuíram de maneira fundamental para a minha formação. Agradeço aos amigos, de todas as áreas, que fiz ao longo dessa jornada, muitos também aqui presentes hoje, e que realmente são a parte mais valiosa da minha vida.

Todos esses amigos e essas amigas da Unicamp foram representados hoje pelos professores eméritos que me acompanharam até a mesa. O professor Adil Samara, da FCM, e o professor Cylon Gonçalves da Silva, do IFGW. Conheci o professor Cylon ainda durante a minha iniciação científica, quando participei de um encontro sobre o projeto do Laboratório Nacional de Luz Síncrotron, que naquele momento parecia uma ideia mirabolante. Foi um professor que me ensinou, com tantos outros, a acreditar em um sonho e a trabalhar duro para concretizá-lo. Já o professor Samara conheço desde criança, pois ele e sua esposa Leila eram muito amigos de meus pais. Da convivência intensa que tivemos, guardo ainda a preocupação que ele tem com a educação pública de qualidade. Ambos aqui representam o legado de grandes professores e profissionais que temos a obrigação de honrar e cujo trabalho devemos continuar.

Naturalmente, quero agradecer à minha família.

À minha mãe Clara, aqui presente, que sofreu imensamente com a emigração, com a separação tão precoce de metade dos filhos e com a mudança tão drástica da vida. Hoje, 41 anos após a chegada à Campinas, ela pode ter certeza que nada é por acaso. Agradeço por tudo o que ela fez e ainda faz por mim.

Agradeço aos meus irmãos e familiares, de Florianópolis, Buenos Aires e Barcelona, que mesmo distantes estão presentes aqui hoje, em meu coração.

Quero agradecer especialmente à minha esposa Keila, que sempre me apoiou, mesmo em decisões difíceis como essa de me candidatar a reitor em um momento tão delicado para a universidade. Ela é certamente a minha base de sustentação e merecedora de todas as verdadeiras declarações que surgem nessas situações e que só não repito porque se tornaram clichês e não corresponderiam à força do meu sentimento.

Também quero agradecer aos meus filhos, Ivan e Sara, pela torcida, pelo apoio incondicional, pelo carinho, pelo companheirismo. Eles são a minha alegria e a minha fonte de energia revigorante, quando chego em casa muitas vezes esgotado – e serão, portanto, parte fundamental desta gestão! Amo vocês!

Meu agradecimento à professora Teresa Atvars, uma trabalhadora incansável, uma pessoa íntegra e generosa, a primeira mulher a ocupar a Coordenadoria Geral da universidade. Foi uma honra tê-la como companheira de chapa e de todos os trabalhos que nos trouxeram até aqui. E é uma honra poder dividir com ela os próximos quatro anos à frente da administração da Unicamp.

Agradeço a todos os colaboradores que direta e indiretamente trabalharam conosco, acreditaram na nossa disposição, nos ajudaram a elaborar a proposta de gestão e a difundi-la junto à comunidade.

Agradeço de antemão a todos aqueles que se dispuserem a trabalhar nesta gestão em prol da universidade pública e seu compromisso com a sociedade.

Por fim, quero deixar aqui registrado um agradecimento a meu pai. Muitos, muitos, que tiveram a oportunidade de conviver com ele me disseram o quão orgulhoso ele estaria nesse momento. Não tenho dúvidas disso e tenho pensado nisso todos os dias. Com ele aprendi a amar a universidade, o que ela representa, e a amar a esta universidade em particular, a Unicamp. Aqui, com muitas saudades, na presença de minha mãe e de dezenas de seus amigos, tenho plena certeza que de alguma maneira ele está presente e será a minha inspiração para os anos que virão.

Meu pai trabalhava com adolescentes e sua contribuição teórica mais relevante foi a descrição da síndrome da adolescência normal, ou seja, foi compreender e demonstrar que os todos sintomas "estranhos", coisas da juventude, eram normais. Estranho seria se os adolescentes não os tivessem!

Lembrei-me disso quando pensava a nossa universidade, ao longo da campanha. Por isso queria agora fazer uso de suas palavras para expor, figuradamente, alguns dos meus pontos de vista sobre a tarefa que nos cabe. Diz Maurício Knobel[1]:

> *Deliberadamente aceito a contradição que significa o associar síndrome, que implica entidade clínica, com normalidade, que significaria estar fora da patologia. Entretanto, o convívio social e nossas estruturas institucionais fazem-nos ver que as normas de conduta estão estabelecidas, manejadas e regidas pelos indiví-*

1 Knobel, Maurício. "A síndrome da adolescência normal." em: A, Aberastury e M. Knobel, *Adolescência normal*: Um enfoque psicanalítico (1981): 24-62, Porto Alegre: Artes Médicas.

> *duos adultos da nossa sociedade. É sobre esta intercorrelação de gerações, e desde o ponto de vista regente e diretivo, que podemos, e creio eu que devemos, estar capacitados para observar a conduta juvenil como algo que aparentemente é seminormal ou semipatológico, mas que, entretanto, frente a um estudo mais objetivo, desde o ponto de vista da psicologia evolutiva e da psicopatologia, aparece realmente como algo coerente, lógico e normal.*

É claro que somos adultos e responsáveis, como indivíduos aqui empenhados numa obra comum. Mas, de certa forma, a nossa universidade está ainda na adolescência, no que diz respeito à história e ao itinerário traçado pelas grandes universidades do mundo. De tal modo que eu acredito, nesse sentido, ser normal que passe por momentos mais críticos; ser normal que tenha crises, hesitações, momentos de angústia. Então, como disse meu pai em seu trabalho memorável, o importante é utilizar a crise para o desenvolvimento, para o crescimento. E concluo essa postulação voltando às palavras dele:

> *esta maneira de encarar o problema permite aceitar os desajustes e desencontros, valorizá-los com maior correção e utilizar o impacto de gerações, não como fonte de conflitos negativos, mas como um encontro inquietante que facilite o desenvolvimento da humanidade.*

Essa será a tônica da nossa gestão: aceitar os desajustes e desencontros não para deixar que continuem, mas para não os ignorar, para não buscar culpados ou salvadores; mas sim, compreendendo a origem desses desajustes e desencontros, promover, por meio do debate, o encontro de opiniões e a elaboração de processos para superá-los de forma positiva e produtiva. Porque o saldo das qualidades da nossa universidade é imensamente maior do que o débito dos problemas.

De fato, com meio século de existência, a Unicamp se destaca em todas as áreas acadêmicas – no Brasil e no exterior – como referência na produção de conhecimento e na formação de pessoas. O empenho da comunidade que compõe a Unicamp e a sua união, quando algum momento crítico foi claramente exposto e sentido, sempre foram notáveis e produziram a superação dos obstáculos.

É verdade que o momento é muito grave. Estamos diante de uma enorme crise financeira, com reflexo na vida dos que aqui trabalham e estudam. Há também uma crise política, que cria antagonismos e produz reflexos na imagem da universidade perante a opinião pública e nas nossas condições de trabalho.

É preciso agora que todos nos concentremos no mais importante: defender a universidade pública, gratuita, de excelência e com autonomia, apta a atender com qualidade às demandas da sociedade, produzindo conhecimento e formando pessoas comprometidas com a constante atualização do conhecimento, com a democracia e com a justiça social.

Para isso, é necessário que a nossa universidade seja sempre um ambiente marcado pela valorização da multiplicidade de opiniões sobre os vários aspectos da vida acadêmica e, sobretudo, pautado no respeito mútuo entre todos os que aqui convivem. É só exercendo a livre circulação da informação e promovendo a universidade como um lugar estimulante, desafiador, criativo, dinâmico e humano, que a tornaremos capaz de superar os impasses e os desafios.

De nossa parte, estaremos sempre empenhados em resgatar a participação das pessoas, valorizando suas ações por meio de uma gestão flexível, ágil, colegiada e institucional.

A Unicamp do século 21 exige que sejamos solidários, dinâmicos, inovadores, e que tenhamos responsabilidade para a implementação de um projeto institucional acadêmico em sinergia com a sociedade. Seus diferentes setores demandam atenção da gestão universitária para que possa, como instituição pública, responder pela formação de profissionais competentes e críticos, aptos a contribuir para uma sociedade mais justa, menos desigual.

A contínua inovação no ensino, na pesquisa e na extensão, por meio da valorização das culturas, dos conhecimentos, da interdisciplinaridade, da internacionalização, da sustentabilidade, de ações afirmativas, da inclusão social em todas as suas dimensões: essa deve ser a nossa missão, o nosso objetivo principal.

Para isso, é preciso promover uma discussão profunda sobre o papel da graduação, da pós-graduação e da pesquisa, no qual a extensão (e, na área da Saúde, a assistência) deve ser mais efetiva e abrangente.

Não vou, entretanto, retomar agora o diagnóstico da crise, pois ele foi a tônica não apenas do nosso programa, mas também – por óticas diferentes – dos demais programas longamente debatidos com a comunidade. Basta dizer que uma das principais metas da nossa gestão será a busca do equilíbrio orçamentário. Conforme prometido, vamos de fato incorporar mais transparência e visibilidade na gestão e na divulgação dos resultados alcançados para informar a todos os interessados, dentro e fora da nossa comunidade, sobre as consequências das decisões e das opções estratégicas da universidade.

Para finalizar, considerando o fato de que as universidades públicas paulistas – USP, Unicamp e Unesp – estão entre as melhores universidades da América Latina, creio que devemos ter sempre em mente a necessidade de manter as condições que lhes permitiram tal desempenho. Uma delas é a autonomia financeira e de gestão.

Como todos sabem, no final dos anos 1980, o governo de São Paulo concedeu autonomia administrativa às universidades do estado, o que acelerou o avanço rumo à excelência acadêmica. No período que se seguiu, essa autonomia resultou no aumento de vagas na graduação, na pós-graduação e nos colégios técnicos; na formação de um maior número de mestres e doutores; na multiplicação das publicações científicas; no incremento da pesquisa inovadora e na ampliação da área de atendimento à saúde.

Defender, portanto, de todas as formas, a autonomia universitária é um imperativo sobre o qual há consenso entre as distintas correntes de pensamento no interior da Unicamp, como pudemos ver ao longo dos debates da campanha. Do nosso ponto de vista, uma das formas de fazer isso é não descuidar da obrigação de prestar contas à sociedade, que é quem financia as universidades públicas e os institutos de pesquisa. Contudo, o importante é prestar contas não apenas no que tange à responsabilidade orçamentária, mas também – por meio da exposição e divulgação sistemática – dos objetivos da instituição universitária, da sua relevância de longo prazo, bem como dos seus resultados passados e presentes, no que diz respeito à formação de profissionais e à extensão dos serviços à comunidade.

Com a ajuda de muitos, construímos o programa de gestão "Universidade pública, compromisso com a sociedade". Suas linhas gerais giram em torno da ideia central de promover uma gestão institucional, acadêmica e financeira comprometida com a sociedade. Isso significa, do nosso ponto de vista, tornar a Unicamp mais inclusiva, democrática, transparente; mas significa, acima de tudo, zelar pela herança que recebemos dos nossos antecessores, responder qualificadamente às demandas da sociedade que supre os recursos para a existência das universidades públicas e trabalhar incessantemente para fazer que a Unicamp seja uma universidade ainda mais destacada, em todos os aspectos e campos de atuação, no quadro universitário do Brasil e do mundo.

Temos certeza de que todos os demais candidatos que se apresentaram à consulta para definir a Reitoria da Unicamp foram movidos pelo mesmo espírito que nós. A identificação de zonas de intersecção dos diferentes programas, sobre as quais será agora possível construir as bases de uma ação em prol da universidade, permite-nos conclamar a todos – independentemente das posições assumidas durante a campanha – para que se juntem a nós no compromisso com a defesa, a renovação e o avanço da Unicamp.

Muito obrigado."

Comentário

Nem preciso comentar que esse foi um dos momentos mais emocionantes de minha vida, em uma cerimônia bonita e marcante. O discurso naturalmente tem um tom pessoal, misturado com a promessa do trabalho para os anos vindouros. Busquei também privilegiar o diálogo, pois sabia que teríamos anos difíceis pela frente, o que, infelizmente, se concretizou. O discurso foi feito no auditório da Faculdade de Ciências Médicas da Unicamp, no dia 20/04/2017.

Discurso de despedida como reitor

Após quatro anos de muito esforço e dedicação é importante registrar os avanços alcançados e os desafios enfrentados durante o período. Procurei não fazer um relatório detalhado, que pode ser hoje em dia facilmente encontrado na internet[1]. Busquei principalmente agradecer a toda a comunidade, que ajudou a vencer inúmeros desafios, e oferecer uma breve prestação de contas das promessas feitas no discurso de posse. Segue abaixo o discurso:

"Boa tarde,

Vou começar com uma boa notícia... Não vou fazer um discurso longo, nem apresentar a vocês uma prestação de contas detalhada de tudo o que foi feito nestes quatro anos da gestão que, hoje, chega ao fim. Para isso temos o relatório da administração central e os relatórios das pró-reitorias, diretorias executivas e dos órgãos da administração central, que pormenorizam os avanços realizados.

Quero, desde já, desejar uma excelente gestão ao Professor Antônio José (Tom Zé) e à Professora Maria Luiza. Espero que, junto com a equipe que eles liderarão, sigam fortalecendo a nossa querida universidade.

1 Ver relatório completo em: https://bit.ly/3tlrnXW

Mas, como é meu dever apresentar um panorama dos principais desafios que vencemos juntos, bem como das realizações, vou contar para vocês um pouco do que vivemos. Até porque esta é uma forma de reconhecer publicamente os esforços de tantos colaboradores e até mesmo dos nossos críticos que, construtivamente, ajudaram a tornar nossos projetos mais amplos, mais inclusivos e mais realizáveis.

Vamos começar pelo começo. O início da gestão foi, para mim, o período mais difícil. Não bastasse o ineditismo do exercício das atividades de reitor, tínhamos que organizar rapidamente a equipe para planejarmos e executarmos mudanças estruturais urgentes que evitassem o colapso financeiro da Unicamp. Como primeira medida, cumprimos o prometido na campanha: cortamos a chamada "dupla matrícula", num gesto que foi também simbólico de um projeto de recomposição das finanças e a primeira de uma série de decisões administrativas de impacto imediato. A seguir, criamos as diretorias executivas (de Relações Internacionais, Administração, Planejamento Integrado, Área de Saúde e Ensino Pré-Universitário) e criamos e inauguramos o processo de transparência total das contas da universidade, que rapidamente foram abertas para a comunidade acadêmica e para a sociedade.

Quando assumimos, ninguém sabia ao certo o saldo que a Universidade tinha como reserva de contingência, nem que promessas em obras e infraestrutura tinham sido feitas. Era indispensável, portanto, abrir essa discussão com toda a universidade. Analisamos o impacto de cada promessa e, pela situação financeira que enfrentávamos, vimos quais promessas poderiam e quais não poderiam ser cumpridas. Com os dados à mostra, repactuamos com a comunidade não apenas o que era exequível, mas qual era a ordem de prioridade de cada obra.

Outro grande desafio veio do fato de que assumimos a reitoria tendo de administrar uma pauta complexa e potencialmente explosiva, já agendada para o nosso primeiro Conselho Universitário: a discussão das cotas para ingresso na Universidade. Foi graças a um enorme empenho coletivo que conseguimos não só organizar a discussão para aprovarmos o conceito das cotas, mas também torná-lo operacional. Hoje, oferecemos à sociedade um vestibular ainda mais inclusivo e com avanços como o vestibular indígena, o edital de vagas olímpicas, bem como com a reorganização do PAAIS e Profis, visando maior ampliação e diversidade em nosso corpo discente.

Voltando às questões financeiras, a gestão estabeleceu um plano bastante ousado. Precisávamos frear as despesas da Universidade e, ao mesmo tempo, buscar mais recursos, além de torcer para uma aceleração da economia. Só assim conseguiríamos evitar medidas mais drásticas, como um plano de demissão voluntária, corte completo de contratos ou atraso no pagamento de salários, como ocorria em outras universidades. Para isso, tivemos que mexer em diversos pontos, principalmente em tópicos delicados, como o das gratificações, o da carreira de funcionários e o das certificações de órgãos e unidades. Foi um processo difícil e desgastante, mas o resultado está aí para todos verem. Se não fosse a caos econômico associado à pandemia, já teríamos alcançado completamente o equilíbrio financeiro e estaríamos vivendo um momento de retomada muito forte de contratações e promoções por mérito, além da retomada de reformas e construções.

Como todos sabem, a Unicamp vinha enfrentando déficits orçamentários desde 2012, tendo a situação chegado a um nível crítico em 2016, quando o déficit atingiu R$ 254 milhões. A partir de 2017, esse déficit foi gradualmente reduzido, a ponto de termos terminado 2020 com um déficit de R$ 8,7 milhões, valor quase 30 vezes menor que o de 2016. O resultado desse esforço foi que as reservas financeiras da Universidade não foram completamente consumidas, porque se isso ocorresse as consequências seriam imprevisíveis, com possibilidade até de provocar atraso do pagamento de salários. Graças ao trabalho incansável dos órgãos administrativos e das comissões, evitou-se o pior, e no final de 2020 as reservas estavam no mesmo nível do início do ano, ou seja, por volta de 400 milhões de reais. Em 31 de março de 2021 esse saldo financeiro estava em 515 milhões de reais.

Em 2018 já tínhamos superado o período de maior dificuldade financeira, o que permitiu que, a Unicamp voltasse a ter um grande número de progressões em todas as carreiras, o que só não pôde ser sido mantido em 2020 e 2021, em virtude da lei complementar 173, que entrou em vigor e que impediu novas contratações e progressões.

2018 também trazia promessas de melhoria da economia, que logo se mostraram vãs. Primeiro, pelos reflexos da greve de caminhoneiros que ocorreu no primeiro semestre, e logo a seguir, pela tensão do clima da campanha eleitoral, durante a qual já se podiam antever os momentos duros que viriam na sequência: os ataques à autonomia das universidades, a ação deletéria do movimento denominado Escola sem Partido e a amplos ataques nas mídias sociais contra as universidades públicas. Além disso, tivemos impasses com o tribunal de contas do estado, referente às aposentadorias, e especialmente à questão do teto constitucional, que viria a ser parcialmente resolvida somente em janeiro de 2020.

Em 2019, já com um novo governo federal, enfrentamos mais tentativas de diminuir ou eliminar a autonomia universitária, que vinham no bojo de uma campanha de ataque aos serviços públicos, com especial foco no sistema de educação e de Saúde. No âmbito estadual, esse movimento foi embutido na instalação de uma CPI sobre as três universidades públicas na Assembleia Legislativa. Uma CPI que custou imenso trabalho burocrático e que terminou por mostrar o óbvio: que as universidades cumpriam exemplarmente seu papel constitucional. Mas resposta da Unicamp entrou para a história, com a primeira assembleia geral em que todas as vozes se ergueram em defesa da universidade pública e da sua autonomia.

Esse retrospecto é importante para lembrarmos quais eram as nossas expectativas e o que alcançamos. Tenho plena consciência dos avanços que fizemos e de tantas coisas que ainda precisam ser aprimoradas, assim como do impacto de uma gestão austera no poder aquisitivo das pessoas, mas sei também da necessidade dessa austeridade no momento difícil pelo qual passamos. E sei, sobretudo, as decisões tomadas tinham uma intenção bem clara, que julgo que foi cumprida: defender a universidade nesse momento delicadíssimo e prepará-la para o enfrentamento dos desafios que já se delineiam no futuro próximo.

Quando assumi o mandato que hoje se encerra, além de apresentar a minha trajetória pessoal e profissional, falei um pouco de como chegamos ao Brasil quando, meu pai (e com ele toda a família) foi convidado criar o Departamento de Psicologia Médica e Psiquiatria da Unicamp, após ter sido expulso da Universidade de Buenos Aires pela ditadura militar. Foi assim que, aos oito anos de idade, tive meu primeiro e já definitivo contato com a universidade onde eu faria toda minha formação e desenvolvimento profissional. Mas me lembro, acima de tudo de que, abri o discurso da minha posse, em abril de 2017, falando do "nosso sentimento de pertencimento a uma comunidade empenhada no bem comum, na melhoria e no crescimento da Unicamp". Dizia também ter ciência de que a Unicamp era uma jovem universidade, com apenas 50 anos naquele momento. Apesar disso, seu destaque inconteste em "todas as áreas acadêmicas" era um estímulo para enfrentarmos um momento de "grave crise financeira, com reflexo na vida dos que aqui trabalham e estudam". Salientei, ainda, que estávamos diante de uma "crise política, que cria antagonismos, e produz reflexos na imagem da Universidade perante a opinião pública e nas nossas condições de trabalho".

Constato que a nossa consciência indicava que o mais importante era "defender a universidade pública, gratuita, de excelência e com autonomia, apta a atender com qualidade às demandas da sociedade, produzindo conhecimento e formando pessoas comprometidas com a democracia e com a justiça social". Quatro anos depois, afirmo que essa é uma consciência que se firmou ainda mais.

Da mesma forma, não mudei de opinião quanto à vocação da Unicamp para continuar sendo, como eu disse também há quatro anos, "um ambiente marcado pela valorização da multiplicidade de opiniões sobre os vários aspectos da vida acadêmica e, sobretudo, pautado pelo respeito mútuo entre todos os que aqui convivem. Porque é só exercendo a livre circulação da informação e promovendo a universidade como um lugar estimulante, desafiador, criativo, dinâmico e humano, que a tornaremos capaz de superar os impasses e os desafios".

Finalizando aquele discurso, salientei que esta seria a tônica da nossa gestão: "aceitar os desajustes e desencontros não no sentido de deixar que continuem, mas no sentido de não os ignorar, de não buscar culpados ou salvadores, mas sim de, compreendendo a sua origem, promover, por meio do debate, o encontro de opiniões e a elaboração de processos para superá-los de forma positiva e produtiva. Porque o saldo das qualidades da nossa universidade é imensamente maior do que o débito dos seus problemas".

Sabíamos da necessidade de "promover uma discussão profunda sobre o papel da graduação, da pós-graduação e da pesquisa, no qual a extensão (e, na área da Saúde, a assistência) deve ser mais efetiva e abrangente", e apontamos que uma das principais metas da nossa gestão era a busca do equilíbrio orçamentário e da manutenção da autonomia. Foram essas as minhas palavras em abril de 2017: "a autonomia universitária é um imperativo sobre o qual há consenso entre todas as correntes de pensamento no interior da Unicamp".

Creio que o fiz de melhor à comunidade que me escolheu para chefiar a equipe de administração nesses quatro anos, foi ter mantido esse Norte e ter trabalhado incessantemente para que esse ideal se concretizasse no dia a dia.

Nos orgulhamos também da criação da Controladoria da Universidade, do Instituto de Estudos Avançados, da Diretoria Executiva de Direitos Humanos, do Espaço Plasma, do Hub Internacional para o Desenvolvimento Sustentável (HIDS), órgãos e projetos que já são agora conhecidos, usados e aferidos por boa parte da comunidade. Todos vocês terão acesso aos demais avanços e conquistas da gestão no nosso relatório, disponível na página da Unicamp.

Por fim, quero agradecer. Quero destacar especialmente a participação efetiva e fundamental da coordenadora geral da Universidade, Teresa Atvars, em todos os momentos destes quatro últimos anos. Quero registrar também meu sincero agradecimento aos chefes de gabinete e aos pró-reitores (aos atuais e aos que passaram pela gestão), bem como a todos os diretores executivos, diretores de institutos, coordenadores de laboratórios e núcleos, assessores diretos e indiretos, aos professores e ex-professores e a todos os funcionários e alunos que fazem a Unicamp no seu dia-a-dia.

Ainda, quero manifestar nossa profunda gratidão e valorização a todos os profissionais da universidade que se empenharam, das mais diferentes maneiras e em diversas frentes, no combate à pandemia de Covid-19. Desde os profissionais da linha de frente na área da Saúde, os pesquisadores que foram para seus laboratórios colaborar com colegas e universidades de todo o mundo, funcionários que não são da área da saúde, mas que fazem o hospital funcionar, até as doações feitas ao hospital e aos mais necessitados. Foi nesse cenário de calamidade pública que a Unicamp se mostrou ainda mais humana, solidária, digna e consciente do seu papel social.

Não poderia deixar de agradecer, por fim, à minha mãe, minha esposa e aos meus filhos. Não fosse o apoio e o suporte incondicional deles, o fardo teria sido muito mais pesado, o estresse mais acentuado, as dúvidas mais agudas. Minha profunda gratidão pelo companheirismo e carinho de vocês, que sempre me deram forças para a dedicação intensa que se requer de alguém que ocupa este cargo.

E, para concluir, reproduzo algumas palavras de Julián Marías, proferidas em um discurso em homenagem ao quarto centenário da Universidade de São Marcos de Lima, Peru em 1951, mas que ainda são muito atuais:

"... a missão da Universidade é indeclinável. Do jeito que está o mundo, as Universidades têm que existir, somente nelas pode-se ensinar e aprender o sistema de ideias da época, pode-se adquirir a formação profissional, pode-se realizar a educação da "imensa minoria". Frente a todas essas dificuldades, esta consciência pode ser confortadora: por isso referi-me antes a uma orgulhosa modéstia. Não é algo digno da Universidade, da sua gloriosa história de sete séculos, recriar-se novamente nestas estreitas circunstâncias? A Universidade está entre a espada e a parede: é a melhor situação para lutar. E então convém reivindicar, em todas suas formas, a condição de universitários."

Creio que, junto com a equipe e com a toda a comunidade, conseguimos fortalecer esse espírito universitário e contribuir para tornar a Unicamp ainda melhor.

Muito obrigado,"

Comentário

Este também foi um momento muito emocionante, misturado com uma grata sensação de dever cumprido. Desta vez a cerimônia infelizmente não foi tão calorosa, devido às restrições impostas pela pandemia de coronavírus. A cerimônia foi realizada no dia 19/04/2021, com poucas pessoas e transmitida pela internet.

Inovando na universidade: a criação da Diretoria Executiva de Direitos Humanos da Unicamp

Co-autora: Néri de Barros Almeida

A Constituição Federal de 1988 é um marco na história dos direitos humanos no Brasil. Pela primeira vez, nossa constituição foi escrita sob ampla discussão na qual estiveram envolvidos segmentos representativos da diversidade social brasileira como indígenas, negros, mulheres e trabalhadores do campo e da cidade. Com base nos compromissos internacionais firmados, foram estabelecidos em seu artigo 5º os direitos fundamentais de todos os brasileiros. A partir de então as discussões no Brasil se deslocaram dos fundamentos dos direitos humanos para os instrumentos eficazes em sua defesa. Políticas públicas, normas e ações orientadas para a inclusão na esfera dos direitos fundamentais de sujeitos e grupos vulneráveis passaram a apresentar os direitos humanos de forma concreta à sociedade. À reivindicação de acesso à justiça, trabalho digno, saúde, educação, condições de vida e justiça foram somados dados da exclusão que passaram a informar políticas públicas de equidade. As universidades públicas participaram de perto desse processo por meio de pesquisas sobre a vulnerabilidade social e mecanismos de inclusão. Mas foi fundamentalmente a partir da discussão para a implementação das cotas raciais no ensino público superior que as universidades passaram a organizar e ampliar de maneira sistemática a inclusão, em sua comunidade, de minorias e grupos vulneráveis.

No que se refere ao ingresso de estudantes a Unicamp, destacou-se por atrair excelentes candidatos por meio de um vestibular original e criativo, interessado em valorizar mais habilidades analíticas do que o domínio de conteúdos. O vestibular da Unicamp passou por diversas reformulações, sempre procurando manter a linha conceitual que o notabilizou. A partir dos anos 2000 as políticas de ação afirmativa se tornaram uma preocupação cada vez mais presente. Nessa trajetória, merece destaque a criação, em 2010, do Programa de Formação Interdisciplinar Superior, o Profis, curso de ensino superior sequencial da Unicamp, voltado aos estudantes que cursaram o ensino médio em escolas públicas de Campinas. A seleção de estudantes para as 120 vagas do curso é feita com base nas notas do Enem. Para cada escola pública de ensino médio do município de Campinas, é garantida, no mínimo, uma vaga. Ao final do Profis, os estudantes ingressam em um curso de graduação da Unicamp de sua preferência.

Por muito tempo, as políticas de ação afirmativa para o ingresso na Unicamp estiveram, fundamentalmente, orientadas por critérios de inclusão socioeconômica. A mudança passou a acontecer na universidade, como em outras, a partir do momento em que a discussão da adoção de cotas étnico-raciais trouxe desafios éticos novos e impulsionou a atenção não apenas à inclusão dos estudantes negros e indígenas, mas também a uma reflexão sobre a própria natureza da universidade, sua história, a orientação de seus compromissos e sua forma de perceber o mundo do conhecimento.

Em maio de 2017 a Unicamp aprovou a implantação do sistema de cotas étnico-raciais. Embora a universidade tenha entrado tardiamente nesse sistema, mobilizou-se rapidamente a fim de assegurar, além dos mecanismos habituais de apoio acadêmico, condições para o desenvolvimento de uma cultura inclusiva voltada para todos os segmentos e atividades da universidade. A discussão das cotas ético-raciais trazida pela sociedade civil e pela comunidade universitária engendrou a necessidade de organizar e acelerar diagnósticos e propostas relativas aos direitos de outros grupos discriminados e/ou minoritários como mulheres, LGBTQIA+, pessoas com deficiência e refugiados. Durante os anos de 2017 e 2018, Grupos de Trabalho reunindo estudantes, funcionários, docentes e técnico-administrativos, bem como representantes da sociedade civil, se dedicaram a pensar uma inclusão mais ampla e efetiva voltada para o pleno respeito a esses grupos e à garantia de seu impacto sobre as atividades-fim da universidade.

Desse modo, em maio de 2019, a Diretoria Executiva de Direitos Humanos/DeDH da Unicamp[1] foi criada como ambiente responsável por operacionalizar e alinhar a pesquisa e a vontade da comunidade concernida pela compreensão e respeito à dignidade humana. Os relatórios dos grupos de trabalho serviram de base para a criação de Comissões Assessoras, instâncias por meio das quais a Diretoria Executiva de Direitos Humanos foi organizada: Comissão Assessora de Diversidade Étnico-Racial (CADER); Comissão Assessora para a Inclusão e Participação de Povos Indígenas (CAIAPI); Comissão Assessora de Acessibilidade; Comissão Assessora da Política de Combate à Discriminação Baseada em Gênero e/ou Sexualidade e à Violência Sexual. Também foi criado ao mesmo tempo o Serviço de Atenção à Violência Sexual (SAVS) que acolhe vítimas, serve de referência às diversas instâncias de atendimento e reúne e organiza dados.

Tendo em vista a importância das migrações de refúgio na atualidade e suas demandas sociais amplas, assinamos em 09/2019 o Termo de Compromisso com o Alto Comissariado das Nações Unidas para os Refugiados (ACNUR). Assim, foi criada a Cátedra Sérgio Vieira de Mello da Unicamp com "o objetivo de promover o ensino, a pesquisa e a extensão acadêmica voltada para o conhecimento científico e ações para a população em condição de refúgio no Brasil e na América Latina", que também está alocada na DEDH.

Em maio de 2017 a Unicamp aderiu ao Pacto Universitário pela Promoção do Respeito à Diversidade, Cultura de Paz e Direitos Humanos. A iniciativa foi coordenada pelo Ministério da Educação, em

1 Cf. www.direitoshumanos.unicamp.br

parceria com o Ministério da Justiça, para a promoção da educação em direitos humanos nas instituições de ensino superior, como parte do compromisso assumido com o Plano Mundial de Educação em Direitos Humanos. Após ampla discussão entre governos e sociedade, criou-se no Plano Nacional de Educação em Direitos Humanos. O objetivo do pacto era "superar a violência, o preconceito e a discriminação e promover atividades educativas de promoção e defesa dos direitos humanos nas instituições de ensino superior"[2]. O Plano de Trabalho, elaborado pelo Comitê Gestor do Pacto na Unicamp, propôs a criação de um Observatório de Direitos Humanos com a missão reunir e divulgar informações, estabelecer e divulgar um painel das pesquisas realizadas na Unicamp e das iniciativas de sucesso no campo da gestão e do convívio em diferentes órgãos e unidades, além de apoiar a comunidade na inclusão dos direitos humanos nas práticas e conteúdos de ensino. Por ocasião da Criação da Diretoria Executiva de Direitos Humanos (DeDH), o Observatório de Direitos Humanos foi a ela incorporado como instância básica formadora da comunidade.

A DeDH tem fundamentalmente duas missões. Em primeiro lugar, "garantir que na Universidade Estadual de Campinas sejam praticadas ações que assegurem a valorização da Tolerância, da Cidadania e da Inclusão garantindo a diversidade, a pluralidade e a equidade de seus membros". Para isso, suas Comissões Assessoras atuam na proposição de políticas, levantamento de dados; acolhimento e orientação dos sujeitos e proposição de normas. Em segundo lugar, a DeDH pretende apoiar a comunidade no conhecimento e prática dos direitos humanos de modo a que suas ações de formação resultem em cidadãos concernidos pelo respeito à dignidade da vida e pesquisadores comprometidos em colaborar para o respeito, promoção e defesa dos direitos humanos das gerações do presente e do futuro. Nesta segunda missão, a DeDH conta particularmente com o trabalho formador do Observatório de Direitos Humanos. A DeDH tem compromissos abrangentes que incluem a atenção a todos os segmentos da comunidade universitária (estudantes, funcionários técnico-administrativos, pesquisadores e docentes,

2 Cf. http://edh.mec.gov.br/pacto/

funcionários terceirizados e usuários dos campi) e se estendem a todas as atividades fundamentais da universidade (ensino, pesquisa, extensão, convívio e gestão).

A Unicamp tem uma relação histórica importante com os direitos humanos. Embora sua fundação, em 1966, tenha acontecido em sintonia com o desenvolvimentismo dos governos da ditadura civil-militar (1964-1985), muito cedo destacou-se por pesquisas comprometidas com o respeito à dignidade humana, notadamente nas áreas da saúde, economia, educação e ciências humanas. O pioneirismo nos estudos relativos à saúde integral, do trabalhador, pública e da mulher; ao feminismo e ao gênero; à abordagem da história, da economia e da sociologia do trabalho do ponto de vista do protagonismo do trabalhador, o mesmo acontecendo nos estudos da escravidão, marcam a identidade da Unicamp e contribuíram para sua notoriedade. A criação da Diretoria Executiva de Direitos Humanos representa uma consolidação e fortalecimento desses esforços, e é uma iniciativa inédita nas universidades brasileiras, que esperamos que seja replicada.

Comentário

A criação da Diretoria Executiva de Direitos Humanos foi uma das realizações que mais me orgulham na minha gestão na reitoria da Unicamp. Apesar da crise financeira que atravessávamos, conseguimos constituir um modelo participativo e voluntário por meio de comissões assessoras e grupos de trabalho, que permitiram um engajamento da comunidade em temas tão relevantes. Desde o primeiro momento surgiram diversos projetos e oportunidades, em parceria com pesquisadores da própria universidade e com outras instituições, como o Ministério Público do Trabalho, e o Instituto Vladimir Herzog, por exemplo. Tenho convicção de que essa diretoria será cada vez mais representativa, e tenho a esperança de que a ideia seja implementada em outras universidades brasileiras.

Fôlego para manter a liderança[1]

Pela primeira vez na história, a Universidade Estadual de Campinas (Unicamp) foi classificada como a melhor universidade latino-americana no prestigiado *ranking* da revista *Times Higher Education*. O resultado reflete um árduo trabalho de todos os setores da universidade, no que se refere à formação acadêmica, ao impacto das pesquisas realizadas, bem como às diversas ações de extensão e atendimento na área de saúde. Outro fator preponderante foi a participação do setor produtivo, no qual a Unicamp tem sido protagonista no cenário latino-americano desde a criação da Agência de Inovação, em 2003. Um exemplo marcante dessa ação é que hoje existem mais de 430 empresas ativas denominadas "filhas da Unicamp", gerando mais de 22 mil empregos diretos com faturamento anual de R$ 3 bilhões, o que equivale a uma vez e meia o orçamento da universidade[2]. A preocupação, entretanto, é ter fôlego suficiente para manter essa posição e os desafios que temos de enfrentar para avançar ainda mais.

---

1 A versão original deste artigo foi publicada no jornal O Estado de São Paulo, em 27 jul. 2017. Disponível em: https://opiniao.estadao.com.br/noticias/geral,folego-para-mantera-lideranca,70001907328, acesso em: 7 set. 2020.

2 Os dados atualizados disponíveis no relatório de 2020 indicam que já existem 1038 empresas-filhas cadastradas, gerando mais de 33 mil empregos e com faturamento anual superior o R$ 8 bilhões. Cf. https://unicampventures.org.br/wp-content/uploads/2021/03/Relat%C3%B3rio-de-empresas-filhas-da-Unicamp-2020-v.2.pdf

As três universidades públicas paulistas – USP, Unicamp e Unesp – representam um patrimônio incontestável para o país. Apesar de constituírem um sistema relativamente jovem, elas estão entre as melhores universidades da América Latina, com indicadores acadêmicos e contribuições que justificam o esforço que a sociedade tem feito para mantê-las. Grande parte desses avanços é possível graças à autonomia administrativa concedida no final dos anos 1980 pelo governo do Estado de São Paulo às três instituições, o que acelerou o avanço rumo à excelência acadêmica.

Após a autonomia, todos os indicadores acadêmicos apresentaram um salto significativo, com destaque para a pesquisa inovadora e comprometida socialmente, a ampliação da área de atendimento à saúde e a qualificação de servidores e do corpo docente. As universidades consolidaram a sua institucionalização, melhoraram os seus processos de decisão colegiados e, assim, a autonomia com vinculação orçamentária tornou-se um bem a ser preservado, pois permite a gestão dos recursos segundo prioridades pactuadas e previamente discutidas no planejamento estratégico da universidade, em diálogo com a sociedade.

Apesar do sucesso inegável do exercício da autonomia, há problemas que precisam ser debatidos porque dizem respeito à sustentabilidade financeira de longo prazo. Uma das mais fortes evidências dessas dificuldades aparece hoje com a crise orçamentária que assola as três universidades públicas paulistas, mas que não é exclusividade delas. A crise econômica, com uma substancial queda na arrecadação e de repasses de recursos para as universidades, associada a aumento de gastos, produziu o preocupante cenário atual. As três instituições estão com seus orçamentos fortemente comprometidos com a folha salarial. A gravidade da crise orçamentária e o risco de perda da autonomia impõem uma gestão ainda mais responsável com a sustentabilidade econômica de longo prazo. Hoje a autonomia é questionada pela mídia e surgem discursos privatistas.

É fundamental responder a esses ataques de maneira contundente, melhorando as ações de comunicação para explicitar os inúmeros benefícios decorrentes do investimento em educação superior pública de qualidade e, paralelamente, agindo com responsabilidade no manejo do orçamento, para recuperar a saúde financeira. Nesse momento de crise, a universidade pública deve inovar e ser exemplo e inspiração, pois a sociedade demanda uma nova forma de governança dos órgãos públicos e a universidade deve ser um celeiro de novas ideias. Isso demanda uma parceria mais eficaz com diversos setores da sociedade e todos os níveis governamentais.

A melhor defesa da universidade pública está na tomada de decisões autônomas e responsáveis, com transparência. As decisões com impacto orçamentário devem ser sustentáveis e priorizar as expansões de vagas na graduação e na pós-graduação, a qualificação da pesquisa, as estratégias de inclusão com melhoria dos programas de apoio à permanência estudantil, a ampliação dos atendimentos na área de saúde e de projetos de extensão, a inovação tecnológica e a atuação mais efetiva nos campos da educação básica, das artes e da cultura.

Para manter a liderança é essencial não se acomodar. É importante discutir a formação contemporânea de nossos estudantes, com modernização dos currículos e com implantação de estratégias inovadoras no processo ensino-aprendizagem que aprimorem a capacidade inovadora de resolver problemas em diferentes cenários e, portanto, ainda mais competentes para o mundo do trabalho em constante transformação. Além disso, é fundamental que a sociedade esteja representada na universidade pública; para isso a Unicamp propõe políticas de inclusão articuladas em três eixos de ação: ampliação do acesso, permanência e desenvolvimento acadêmico. Ampliaremos as oportunidades de ingresso na Unicamp debatendo critérios de cotas étnico-raciais, utilização do Enem e ampliação do Programa de Formação Interdisciplinar Superior, o ProFIS. Em especial, o ProFIS é um curso de formação geral de dois anos, único no cenário da educação superior brasileira, com resultados consolidados em termos de inclusão social regional e que permite o acesso de estudantes de escolas públicas à universidade sem vestibular.

Outro ponto importante é a implementação do Portal da Transparência, para apresentar à sociedade não só os benefícios que a universidade oferece, mas também como os recursos são investidos e as decisões tomadas. A defesa da universidade pública deve ser pautada tanto pela eficácia no cumprimento dos seus objetivos quanto pela completa transparência das suas ações.

A ação simultânea em todas essas frentes deve estar orientada pelo compromisso mais amplo com a sociedade, que deposita confiança e esperança na universidade pública. Precisamos ser capazes de defender e valorizar a universidade pública, gratuita, de qualidade e com autonomia, para que ela possa atender às exigências das transformações acadêmicas, científicas, tecnológicas, sociais, artísticas e culturais de nossos dias.

Comentário

Por mais críticas que recebam, os rankings estão aí para ficar. As universidades devem se adaptar e aproveitar ao máximo os resultados para avaliar a sua posição em âmbito nacional e internacional, eventualmente mudando os rumos para aprimorar alguns dos pontos fracos. Todas as universidades normalmente querem melhorar, e esse é um dos motivos da dificuldade de melhorar a colocação nos rankings ou de manter a posição conquistada. É importante, contudo, sempre destacar que a posição no ranking deve ser a consequência de um trabalho muito bem elaborado, e não o objetivo em si.

PARTE II
Universidade em tempos de pandemia

Uma luz no nevoeiro[1]

Na primeira reunião internacional de reitores da qual participei, logo no *coffee-break* entrei em uma rodinha de conversa. Depois de uma breve apresentação de cada um, chegou a minha vez. Comentei que estava no cargo havia apenas dois meses. Um reitor com mais experiência logo me disse:

– Então já te entregaram o uniforme de capitão do navio!

Seguindo a brincadeira, respondi que sim. Ele prosseguiu:

– Já te deram o quepe de capitão, a bússola e os mapas de navegação, correto?

– Certamente! – respondi.

Ele concluiu dizendo:

– Então já percebeu que de fato o timão não está conectado a nada. O navio segue o seu curso, independente de tua vontade, de teus planos. O destino está traçado!

Todos riram e aquilo me marcou. Naquele momento era exatamente isso o que eu estava sentindo. Após assumir a reitoria da Universidade Estadual de Campinas (Unicamp) em abril de 2017, os primeiros

1 Versão preliminar de artigo publicado na Revista Piauí, edição 167, agosto de 2020. Cf. https://piaui.folha.uol.com.br/materia/luz-no-nevoeiro/.

meses foram de muito aprendizado, muitas demandas, muita informação. E a sensação inicial foi a de que, de fato, eu tinha entrado num navio que parecia seguir o seu rumo independentemente da ponte de comando.

Com o tempo acabei percebendo que não era assim, que era possível alterar a direção e até a velocidade desse navio gigante, mas que as mudanças são lentas e que seu efeito, em consequência, se faz sentir de modo progressivo. Por isso, nada pode ser feito às pressas: é preciso muita discussão para definir e calcular o rumo, avaliando o mapa do possível, examinando o entorno, a fim de evitar choques e problemas, tanto internos quanto externos.

A analogia com o navio, se já me parecia apropriada em tempos "normais", agora, quando enfrentamos a pandemia de Covid-19, ganhou um componente extra. Para manter o registro, agora é como se enfrentássemos um mar revolto, coberto por um espesso nevoeiro. Ou como se navegássemos num espaço desconhecido, no qual não sabemos bem por onde o navio deve ir, para continuar sua viagem. Ao mesmo tempo, como as previsões todas são pouco confiáveis e a economia está sofrendo, é como se, no nosso navio, a bússola parasse de funcionar, ou variasse muito a marcação, e como se começasse de repente a soar o alarme de rachaduras iminentes do casco. Para piorar o cenário, o ambiente político complicado é um agravante: há raios e descargas elétricas por todos os lados.

Acredito que a sensação dos reitores é mais ou menos essa, com muitas decisões para tomar, de maneira rápida, sem segurança de saber quando voltaremos ao normal nem que *normal* será esse. Ou seja, não só a travessia é assustadoramente incerta, mas tampouco sabemos se estamos perto do porto, nem que porto será esse ou o que nele nos espera.

Mudando o rumo emergencialmente

É nesse contexto imponderável que temos de buscar as melhores soluções para os problemas que se vão apresentando. A escolha de suspender as atividades presenciais não essenciais, quando nenhuma outra universidade brasileira tinha feito isso, foi a primeira decisão difícil, tomada sob acusações de que fomos precipitados e alarmistas, até se tornar óbvio em poucos dias que era uma medida acertada e necessária. Outras resoluções maiores e bastante complexas vieram a seguir. As mudanças em nosso Hospital de Clínicas foram profundas, com a criação emergencial de 98 leitos de enfermaria e 30 de UTI. Um plano de contingenciamento de gastos precisou ser posto em prática, para poupar mais de R$ 72 milhões neste ano, diante de uma frustração de receitas prevista de quase R$ 300 milhões.

O mais complexo foi continuar as aulas de forma remota, o que exigiu empenho e capacidade de adaptação dos professores e o provimento de equipamentos e pacotes de internet para alunos que não tinham equipamentos ou conexão necessários para participar das aulas. Foram muitos os motivos para seguir com atividades didáticas, mesmo sabendo que se trata de "ensino remoto emergencial", como venho chamando, e não, nem de longe, de aulas online especialmente preparadas para essa modalidade, ou das que poderemos ter num futuro próximo, dotadas de inteligência artificial, experiências de imersão e outros recursos. Seria, porém, muito ruim paralisar a vida dos atuais alunos de graduação e pós-graduação, dos residentes e aprimorandos, dos vestibulandos. Além disso, é enriquecedor conectar as práticas de ensino, extensão e pesquisa ao pulso deste momento, à atividade intensa e cheia de aprendizado dos nossos hospitais, e às verdadeiras forças-tarefa de pesquisa que rapidamente se organizaram. Só na Unicamp foram mais de 70 grupos que se reorganizaram para atuar no combate à Covid-19. Nessa empreitada, os pesquisadores desenvolveram modelos matemáticos para estimar o número de vidas salvas com o isolamento social e para melhorar a eficiência de respiradores; desenvolveram um teste para detectar o novo coronavírus usando insumos nacionais; descobriram por que pessoas diabéticas têm mais risco de desenvolver a forma grave da doença; e obtiveram muitos outros resultados notáveis, com produção de conhecimento em diversas áreas do saber, que são fundamentais na construção de um país melhor, mais consciente e mais inovador.

Em meio a esses desafios, tocamos o barco, seguindo a navegação em águas tormentosas, até começarmos a entrever, no meio do nevoeiro, não um ponto de chegada, mas algo bastante novo: esta trágica pandemia está trazendo um novo olhar sobre a ciência e a pesquisa e, principalmente, sobre a importância de instituições públicas de ensino e pesquisa como a nossa. Nunca a sociedade civil se uniu de forma tão expressiva para caminhar ao nosso lado e partilhar da nossa missão de ensino, pesquisa, extensão e assistência. E é realmente uma lástima que foi somente quando se começaram a contar tantos doentes e mortos que o valor e a importância estratégica da universidade se impuseram à consciência pública, depois de um período de obscurantismo inaudito, no qual os ataques abomináveis à ciência e à pesquisa chegaram aos mais altos patamares em 2019.

O apoio veio e vem agora de diferentes lugares

Promotores públicos e juízes atenderam prontamente ao pedido para reverter o recurso de multas e acordos para o caixa da universidade. Com essa providência, valores indenizatórios provenientes de saldos remanescentes de ações na Justiça do Trabalho e de penas de prestação pecuniária nas varas criminais da Justiça Estadual e Federal se materializaram em quase R$ 10 milhões, que foram usados para compra de equipamentos de proteção individual para os profissionais de saúde que combatem a Covid-19 e equipamentos e insumos para a produção de teste de detecção da doença.

Artistas famosos, jovens talentos e vários outros, gravaram vídeos pedindo doações dedicadas ao tratamento de pessoas contaminadas com o novo coronavírus. Alunos, professores, funcionários, empresários e muitas outras pessoas físicas fizeram doações em dinheiro para necessidades diversas. Empresas de tecnologia e voluntários cederam tablets, notebooks e pacotes de internet para que estudantes sem essa estrutura pudessem assistir às aulas online.

Outros participaram do nosso projeto de enviar cestas básicas a famílias necessitadas de Campinas e região, em parceria com empresas do setor alimentício e com prefeituras da região. Em um gesto cheio de simbolismo, produtores de Holambra, enviaram aos nossos médicos e enfermeiros centenas de vasos e maços com lírios, rosas, astromélias, tulipas, cúrcumas, callas, azaleias, celósias, antúrios, kalanchoes, entre outras belezas cultivadas na cidade: uma forma comovente de dizer "estamos com vocês".

A pandemia que nos assola de forma cruel acabou também por mudar rapidamente a tendência de ataque às universidades e institutos de pesquisa, que no Brasil são essencialmente públicos. De um dia para o outro a presença na mídia foi significativamente ampliada, e muitos dirigentes públicos (não todos, infelizmente) repetem constantemente que devemos seguir as recomendações científicas para a tomada de decisões. A ciência, até há pouco tratada como inimiga nos meandros obscuros das *fake news* e mesmo na grande imprensa foi, pelo menos parcialmente, reabilitada. Das conversas com os colegas de outras instituições, fica uma clara sensação: a percepção pública em relação às universidades é mais positiva do que antes da eclosão da pandemia.

Não que as vozes contrárias tenham desaparecido, mas os defensores do conhecimento estão falando mais alto. Mas muita coisa precisa ainda mudar. Temos um governo federal negacionista, que sequer acredita na existência de uma doença tão séria, mas que ao mesmo tempo sugere, sem nenhuma evidência científica, o uso de um determinado medicamento para a doença que afirma não existir. Um governo que promove ainda mais cortes nas concessões de bolsas de pesquisa para todas as áreas e ainda exclui das prioridades de investimento qualquer pesquisa em ciência básica e humanidades. Ter de argumentar em favor da importância dessas áreas nos traz um desafio semelhante ao de precisar explicar que a Terra é redonda – o que, diga-se, seria tão constrangedor quanto ineficaz, quando de repente aparece tanta gente convencida do contrário.

Como chegamos até aqui

Não chegamos ao terraplanismo do dia para a noite, sem passar por outros degraus. Apesar de parecerem muitas vezes inofensivas, as pseudociências - crenças que reivindicam, de modo ilegítimo, o mesmo grau de confiabilidade das ciências - infelizmente vêm ganhando espaço em nosso cotidiano. Graças à universalização da internet, às redes sociais e à escalada da polarização social, há cada vez mais políticos e influenciadores que propagam ideias pseudocientíficas, ou até anticientíficas, que podem prejudicar, de modo perverso, a vida e a sociedade como um todo.

Hoje vemos não apenas cientistas, mas também jornalistas e divulgadores da ciência sendo atacados de modo vil, tanto física quanto virtualmente. Eu já vivi diversos episódios absurdos, e sempre me surpreendo com a ferocidade dos que atacam as posições defendidas, por mais cientificamente embasadas que estas sejam.

O primeiro caso de que me lembro ocorreu em 2002, quando, na cidade de São Paulo, a então prefeita Marta Suplicy sancionou uma lei que multava motoristas parados em postos de gasolina que estivessem usando o celular, devido ao pseudo-fato de que "ondas eletromagnéticas poderiam provocar a explosão do posto". Bastava uma pesquisa rápida na internet para ver que se tratava de uma antiga "lenda urbana" e na ocasião escrevi um artigo contestando a lei. Pronto: foi o suficiente para receber críticas de militantes políticos, de representantes de postos, entre outros.

Outro caso de que me lembro foi quando escrevi um artigo criticando uma entrevista do Ministro Ayres Britto, do STF, que havia acabado de se aposentar. Naquela entrevista, ele fazia diversos comentários sobre física quântica, misturando-a com o direito. Era a época do julgamento do Mensalão, e imediatamente após o artigo recebi os mais diversos comentários me classificando tanto como pró-governo quanto como antigoverno. Sem querer dar uma de futurólogo, já naquele momento escrevi:

A maioria das pessoas vive perfeitamente bem sem saber diferenciar ciência de pseudociência. Mais cedo ou mais tarde, porém, em alguns momentos da vida esse conhecimento pode ser muito importante. Seja para decidir um tratamento médico, seja para analisar criticamente algum boato, seja para se posicionar frente a alguma decisão que certamente influenciará a vida de seus filhos e netos.

A sociedade como um todo deve assimilar a cultura científica. É importante a participação de instituições, grupos de interesse e processos coletivos estruturados em torno de sistemas de comunicação e difusão social da ciência, participação dos cidadãos e mecanismos de avaliação social da ciência.

Em uma sociedade onde a ciência e a tecnologia são agentes de mudanças econômicas e sociais, o analfabetismo científico, seja de quem for, pode ser um fator crucial para determinar decisões que afetarão nosso bem-estar social.

É impossível tomar uma decisão consciente se não se tem um mínimo de entendimento sobre ciência e tecnologia, como funcionam e como podem afetar nossas vidas. (MK, Abuso Quântico e Pseudociências, Tendências e Debates, Folha de São Paulo, 02/12/2012)

Mais recentemente, já como reitor, lamentavelmente tenho vivido com frequência todo tipo de ataque, pois cada grupo parece somente enxergar uma única perspectiva. Há vezes em que a situação é até esquizofrênica, como sucede no debate de alguns assuntos polêmicos na universidade, em que alguns me chamam de conservador e privatizador, e simultaneamente outros afirmam que sou comunista e corporativista. E de repente um dia me vejo grosseiramente insultado por conta de uma *fake news*. O episódio é tão absurdo que merece registro: um empresário publicou em redes sociais que o reitor da Unicamp (no caso, eu) teria gritado "Viva la Revolução" (assim mesmo, nessa feiosa combinação idiomática) durante uma formatura em 2018, e terminou a narrativa delirante me chamando de "Reitor FDP". Levei o caso à Justiça, que condenou em primeira instância o empresário. Talvez nem devesse dizer, mas ajuda a ver o absurdo da situação: para começar, estive ausente de cerimônias de formatura em 2018, de modo que não poderia proferir a frase em um palco. Além disso, as formaturas estão entre as cerimônias mais filmadas que existem, e não há nenhum registro, evidentemente. Quem me conhece sabe o disparate de tal afirmação (inclusive do ponto de vista linguístico), mas como ficou a minha imagem, e a imagem da Universidade, perante as milhares de pessoas que curtiram, compartilharam ou apenas leram a tal mensagem?

Testemunhei, ao lado de colegas da academia em todo o país, as mais ultrajantes mentiras de gente que tenta retratar as universidades públicas como um antro de pessoas irresponsáveis que se ocupam de fazer baixarias e tramar a destruição das famílias, enquanto queimam dinheiro público. Seria então por milagre que em 34 anos de vida acadêmica nunca vi alguém pelado vagando pelas dependências do campus, nem nenhuma plantação de maconha nas universidades públicas do país? Testemunhei, porém, muitas cenas explícitas de dedicação: cientistas varando a noite em pesquisas relevantes nas mais diversas áreas do conhecimento; alunos dedicados estudando incansavelmente para provas, fazendo listas de exercícios e trabalhos de conclusão de curso; profissionais da saúde empenhados na luta pela recuperação de pacientes com doenças gravíssimas. Vi a Unicamp transformar a região de Campinas em um polo internacional de desenvolvimento tecnológico e alunos usarem seu conhecimento empreendendo, já na época da faculdade, e criando empresas que hoje empregam milhares de pessoas e ajudam a movimentar a economia do país. E vi jovens brilhantes escolherem a docência a fim de multiplicar o que aprenderam em universidades, faculdades ou escolas, apesar da desvalorização da profissão de professor.

O Brasil é hoje o 14º país em produção científica, à frente de muitas nações mais desenvolvidas. Mais de 90% da produção científica nacional vem da universidade pública. Aproximadamente um terço do total sai da Unicamp, da USP e da Unesp, as três universidades estaduais paulistas.

A universidade, quando desnudada, é essa - e não a de alguns posts de redes sociais que parecem anedóticos, mas que têm consequências bastante sérias. Ganham consequências reais, como a CPI da Assembleia Legislativa de São Paulo, instaurada em 2019, em meio a mentiras sem fundamento publicadas na internet, para investigar "possíveis irregularidades na gestão" da Unicamp, da USP e da Unesp, que já prestam contas regularmente para os órgãos competentes. Foram ouvidas 17 pessoas, incluindo os três reitores, mas muito mais gente foi mobilizada para levantar milhares de dados solicitados, que acabaram nem sendo utilizados nas audiências. Sem encontrar nada de errado, a comissão só serviu para tomar tempo e energia de todos os lados - em outras palavras, desperdiçar recursos públicos.

Navegando na tempestade: e a nossa resposta?

De eleições presidenciais à ascensão de negacionistas e teóricos da conspiração, há inúmeros exemplos de eventos contemporâneos que foram fortemente influenciados pelas mídias sociais. Estudos recentes indicam que os entusiastas da pseudociência online estão em vantagem sobre aqueles que defendem a ciência. A maioria dos vídeos do YouTube relacionados às mudanças climáticas se opõe ao consenso científico de que ele existe e é causado pela atividade humana. E com isso medidas de preservação ambiental são mais difíceis de aprovar. O mesmo se dá em outros campos. Por exemplo, na campanha contra a vacina tríplice contra sarampo, caxumba e rubéola. E o resultado é claro: níveis de imunização menores em muitos países estão abrindo as portas para o retorno de doenças quase erradicadas. Quando a vacina contra a Covid-19 estiver pronta para ser ministrada em massa, teorias conspiratórias podem tornar a disseminação da doença ainda mais duradoura. Como alterar as forças em jogo?

Do meu ponto de vista, os cientistas precisam se envolver mais nesse conflito entre pseudociência e ciência para garantir que seu trabalho seja compreendido, e para evitar que seja descartado ou mal utilizado. Um caminho importante é usar estratégias inovadoras e atrativas para se comunicar com o público. Isso inclui a criação de conteúdo de mídia social convincente (tanto no nível institucional quanto no pessoal) com o objetivo de mudar crenças e influenciar comportamentos. Caso contrário, as vozes da academia continuarão a ser abafadas pela frequência e ferocidade de conteúdo não baseado em evidências, ou voluntariamente distorcido, contra resultados cientificamente comprovados.

As universidades públicas também devem reconsiderar suas estratégias de difusão de informações para justificar a importância e o valor do investimento público. De modo geral, falta criar melhores canais para informar a sociedade (e os políticos) sobre seu papel fundamental no progresso de sua região e do país. Caso contrário, os princípios fundamentais da liberdade acadêmica e da autonomia estarão em perigo real, sem apoiadores, nesta assustadora nova realidade antieducacional e anti-intelectual, que está cada vez mais ganhando forma e força.

É preciso estimular o envolvimento efetivo da sociedade com a universidade e a ciência, inclusive no plano financeiro. E aprender com países onde a doação a instituições de ensino superior é uma vigorosa tradição.

Um levantamento de 2019 mostrou que as universidades americanas receberam US$ 46,73 bilhões no ano letivo anterior (em uma conversão com o dólar a R$ 5,50 são mais de R$ 257 bilhões). A Universidade Harvard, a mais favorecida, ganhou US$ 1,4 bilhão (R$ 7,7 bilhões) no período - só essa quantia dada de presente para a instituição corresponde a mais de três vezes o orçamento anual da Unicamp. Chama a atenção que lá boa parte dos aportes venha de ex-alunos, e há muito mérito na forma como Harvard continua a manter seus diplomados por perto.

Eu sei que são realidades incomparáveis - até porque no Brasil a cultura de doações praticamente inexiste e as iniciativas de envolvimento com os ex-alunos, quando acontecem, são em geral bastante recentes (na Unicamp, a plataforma para conectá-los acaba de ser lançada). E é claro que a situação aqui é outra e não temos expectativa de atingir tal patamar. Mas vale ressaltar e insistir no ponto de que em todo o mundo a pesquisa científica é fundamentalmente financiada por dinheiro público, que deve continuar sendo a principal fonte de recursos para as universidades e institutos de pesquisa públicos, que – é minha convicção – devem seguir sendo gratuitos para os estudantes. A diversificação de receitas pode ajudar a aprimorar o impacto das pesquisas, e também dar uma base de sustentação mais sólida (por meio de fundos patrimoniais) para momentos difíceis como o que estamos enfrentando. E temos de mostrar isso à sociedade.

Neste momento, porém, mais do que a doação de recursos que temos recebido, conta muito mais o reconhecimento que temos recebido da comunidade, pois isso nos mostra que estamos indo na direção certa, fazendo o melhor que conseguimos neste momento.

E esta é esperança que nos fortalece: uma sociedade que se mobiliza em torno da universidade pública é composta por cidadãos que, majoritariamente, valorizam a educação e a ciência, pilares necessários para combater problemas endêmicos ou epidêmicos do Brasil, como a fome, a desigualdade, o analfabetismo funcional. Com as correntes favoráveis que se formaram, e que espero ver mantidas quando o nevoeiro passar, nosso navio chegará muito mais longe e levará consigo passageiros e marinheiros mais experientes, mais saudáveis e com a sensação inestimável da missão cumprida e do bom trabalho realizado.

Comentário

Com a imensa agitação que tivemos durante o primeiro semestre de 2020, senti necessidade de escrever um artigo mais longo, que agregasse os sentimentos muito confusos que estávamos vivendo. É muito difícil tomar decisões rápidas no meio de uma pandemia, onde ninguém sabe ao certo o que ocorrerá. Além disso, o nosso país estava passando por uma situação insólita de ataques às universidades e à ciência, e este texto mais reflexivo tenta buscar uma luz no fim do túnel nesta verdadeira tempestade perfeita. Submeti este texto à Revista Piauí, onde foram feitas diversas alterações e reduções. Assim, este é um texto um pouco diferente do que o que foi publicado em Agosto de 2020.

Carta aberta à Comunidade da Unicamp

Campinas, 19 de março de 2020.

A humanidade vive um momento de grande apreensão. Esta não é a primeira vez que uma pandemia ameaça as vidas de milhões de pessoas. No entanto, a rapidez com que governos e cientistas estão reagindo aos acontecimentos é inédita. Em um prazo incrivelmente curto, descobriu-se quem era o inimigo, programaram-se medidas de contenção e iniciou-se o desenvolvimento de defesas, na forma de remédios e vacinas.

Neste momento único, em que a proliferação de informações das mais variadas origens contribui de forma deletéria para a propagação do pânico, as universidades e a comunidade científica emergem como fontes de dados fidedignos e de pessoal altamente capacitado para enfrentar a pandemia e suas terríveis consequências – econômicas, políticas, de saúde pública.

As universidades, sobretudo as públicas, têm o dever de prosseguir com suas atividades, a despeito das restrições que a situação impõe a toda a sociedade. As pesquisas, por exemplo, não podem ser interrompidas. Elas representam um investimento social enorme, que não pode ser desprezado nem minimizado.

Da mesma maneira, as universidades não podem interromper sua principal tarefa – a formação de pessoas – sem propor alternativas às aulas presenciais. Elas têm um compromisso com os estudantes e suas respectivas famílias, e com a sociedade que as financia. Tampouco podem deixar de divulgar conteúdo cientificamente correto e de participar de campanhas de conscientização da população. É o que todas as boas universidades do mundo vêm fazendo.

É preciso um grande esforço institucional para manter uma universidade do porte da Unicamp em funcionamento em circunstâncias tão excepcionais. Estamos recorrendo às tecnologias da informação para dar continuidade às aulas de graduação e pós-graduação, às defesas de teses e dissertações e aos cursos de extensão, bem como à boa parte do trabalho administrativo realizado em diferentes setores da universidade.

Em algumas áreas, porém, é impossível fazer tais adaptações. É o caso da área da saúde, que presta assistência exclusivamente pelo SUS a uma população de mais de 6,5 milhões pessoas e compreende, entre outras unidades, o único hospital de alta complexidade da região de Campinas e um dos poucos que são referência no Estado para o enfrentamento da Covid-19, a doença provocada pelo novo coronavírus.

As atividades da área da saúde não podem de forma alguma ser interrompidas ou contingenciadas. Pelo contrário, precisam ser ampliadas e intensificadas para corresponder às necessidades deste momento crítico, que, segundo as projeções, tende a agravar-se nas próximas semanas. Para isso, precisamos apoio de todas as esferas de governo, desde a organização do sistema de saúde até mais recursos financeiros.

Internamente, a manutenção das atividades da área da saúde depende do funcionamento de outras instâncias da universidade, especialmente as administrativas e as que prestam serviços de apoio. Aqui, é preciso fazer um esforço para enxergar a Unicamp como um organismo vivo, cujas partes dependem umas das outras e não podem, por isso, ser totalmente suprimidas ou paralisadas.

O restaurante universitário, por exemplo, precisa continuar funcionando para atender os funcionários da área da saúde e dos setores que a apoiam, além dos estudantes carentes que dele dependem para fazer suas refeições. Os serviços de transporte, vigilância e limpeza precisam ser mantidos, assim como o trabalho no setor de compras e no que processa a folha de pagamento, entre tantos outros que, de maneira quase imperceptível, cuidam de questões relevantes para toda a comunidade.

Nosso maior desafio é manter um sistema tão complexo em funcionamento sem expor seus integrantes a riscos desnecessários. Nesse sentido, iniciamos uma campanha de conscientização sobre procedimentos que ajudam a conter o avanço da doença e tomamos medidas para evitar aglomerações no *campus*, estimulando o trabalho remoto.

Pela natureza da situação, precisamos contar, mais do que nunca, com a compreensão, colaboração e dedicação de todos os profissionais da área da saúde e dos setores de apoio. Afinal, o surgimento da Covid-19 não fez desaparecer as outras doenças, bebês continuam nascendo e acidentes ainda acontecem diariamente.

Neste contexto, a área da saúde da Unicamp, já tão sobrecarregada, cumpre um papel social ainda mais relevante. É importante que a comunidade acadêmica e a sociedade em geral reconheçam o esforço e o empenho de todas as pessoas que, de uma maneira ou outra, fazem essa engrenagem funcionar. Cada pessoa é fundamental nesse processo, e são momentos como este, de gravidade nunca vista na história da Unicamp, que fazem a sociedade valorizar e compreender a nossa existência.

Por mais duras que sejam as previsões para as próximas semanas e até para os próximos meses, sei que a Unicamp estará à altura dos desafios que virão. Em nome da universidade, agradeço a contribuição de cada membro da comunidade acadêmica para o enfrentamento desta crise de proporções inéditas – seja na linha de frente, trabalhando na assistência à população, ou nos bastidores, garantindo o funcionamento da área da saúde e tomando precauções que ajudam a conter o avanço da doença. Agradeço também as inúmeras manifestações de apoio e disponibilidade de ajuda que tenho recebido, o que nos motivou a criar em conjunto com estudantes, funcionários, professores e entidades uma rede de solidariedade e voluntariado que já está ativa.

Juntos, reafirmaremos mais uma vez para a sociedade, que nos mantém, a importância fundamental das universidades públicas para o bem-estar da população e o progresso do país.

Comentário

Publiquei esta carta aberta à comunidade da Unicamp logo após a drástica decisão de interromper as atividades presenciais na Unicamp no dia 12 de março de 2020, ainda no início da pandemia de Covid-19 no Brasil. A Unicamp foi a primeira universidade a tomar essa decisão, que foi bastante criticada em um primeiro momento, mas que se mostrou acertada em poucos dias. A carta é um registro das incertezas daquele momento e a antecipação das angústias que viveríamos durante o período de distanciamento social.

Ensino remoto emergencial[1]

Coautoras: Eliana Martorano Amaral e Nancy Lopes Garcia

"Ensino remoto emergencial": eis uma expressão adequada para compreender o propósito e o benefício das atividades *on-line* realizadas durante a pandemia. É uma expressão que exige também que comecemos a pensar em como será a universidade passada a pandemia.

Se não há dúvida de que a história anda rápido em tempos de guerras e pandemias, os exercícios de futurologia feitos nos últimos anos foram convertidos em discussões sobre o presente incerto que afeta o que virá. Qual é o futuro do trabalho, das moradias, do comércio eletrônico? Em postos de gestão acadêmica na Universidade Estadual de Campinas (Unicamp), os questionamentos que mais ouvimos referem-se ao chamado "ensino a distância". Ele funciona? Terá vindo para ficar?

São tantas as dúvidas, angústias, possibilidades e discordâncias a respeito do tema que foi com certo alívio que conhecemos recentemente a expressão "ensino remoto emergencial". Consideramos o termo preciso para o atual momento de pandemia ocasionada pela Covid-19, pois é o tipo de ensino que muitas universidades têm empregado em meio à quarentena. Manter em andamento o ensino de maneira remota tem sido a melhor alternativa possível (ainda que não seja a ideal) para

1 Este texto é uma versão ampliada do artigo publicado na Folha de São Paulo, em 23 ago. 2020. Disponível em: https://www1.folha.uol.com.br/opiniao/2020/08/ensino-remoto-emergencial.shtml, acesso em: 7 set. 2020.

reafirmar o compromisso da universidade com a formação de pessoas, com qualidade. A continuidade das atividades permite aos estudantes e aos professores manterem o vínculo com a universidade, além de fazer se sentirem parte de uma comunidade. A intenção da universidade é focar na aprendizagem, e não em resultados.

Há muitos anos se estuda como a tecnologia pode auxiliar o processo de aprendizagem. Não só contribuindo para romper fronteiras internacionais ou barreiras como distância e rigidez de horários, a tecnologia enquanto recurso pedagógico pode oferecer ferramentas de imersão e facilitar a ampla exploração e interpretação de dados, sem contar as possibilidades de interação, entre outros. Esse período de pandemia, portanto, não deixa de ser um período de aprendizado também para os professores. Muitos deles já sentiam que havia um espaço a ser ocupado pela tecnologia e vinham experimentando a utilização de recursos tecnológicos nas suas práticas de ensino e repensando esses novos papéis esperados na formação universitária, que devem incluir a capacidade de liderar e de se comunicar.

Há uma imensidão de recursos disponíveis *on-line*, aos quais os estudantes têm fácil acesso. Mas, em geral, o professor não estava preparado para ser o mediador da aprendizagem com uso de tecnologia. Contudo, na atual conjuntura, além de curador de conteúdos, o docente precisa ser criativo e identificar as oportunidades que surgem, podendo abordar, por exemplo, um problema que está afetando a todos: a Covid-19, a pandemia, o confinamento etc. O docente também pode promover um debate que ajude a desenvolver, nos estudantes, a capacidade de separar "o joio do trigo", algo essencial nos tempos que vivemos. Todas essas práticas podem ser feitas por meio de atividades remotas.

O termo "a distância", que compõe a denominação "ensino a distância" (EaD), não deixa de ser uma referência geográfica que nada diz sobre a interação próxima exigida por um bom projeto pedagógico que se beneficia do uso de tecnologia. O que poderíamos chamar de "ensino híbrido" deve reunir o melhor das estratégias educacionais tanto presenciais quanto não presenciais, valendo-se da tecnologia, pois ela tem muito a adicionar num processo educacional atual e qualificado.

Assim, as atividades educacionais podem promover a pró-atividade e a reflexão do estudante para que ele aprenda não apenas interagindo com os colegas, mas também refletindo sobre os problemas contemporâneos e as possíveis soluções em grupos, de forma orientada e facilitada pelo professor.

O ensino remoto emergencial, portanto, não é EaD, apesar de usar recursos digitais para permitir a continuidade das atividades. Por ser muito recente, necessita ainda de diversos ajustes, devendo ser aprimorado para promover a interação e estimular a reflexão sobre os conteúdos e os problemas a eles associados. Entretanto, ao falarmos de ensino não presencial, não podemos recair nas visões simplistas sobre o "ensino *on-line*", que vê a educação remota como um retrato pelo qual o professor "passa o conteúdo" em uma aula gravada, diante de centenas ou milhares de telas, como um *youtuber.* Comunicação adequada importa em qualquer oportunidade educacional. Mas não é por aí. Há muito mais.

Muitos professores e estudantes já estavam prontos para se engajarem nesse novo processo de ensino-aprendizagem, contudo as abordagens pedagógicas precisaram ser adaptadas ao adotar o ensino remoto emergencial. Converter uma aula presencial em uma apresentação pela internet não costuma ser algo efetivo, da mesma forma que uma peça de teatro filmada não se transforma automaticamente em um filme. Foram criadas dinâmicas diferentes na interação e nos exercícios, o volume de conteúdo precisou ser repensado em diversos casos e as avaliações se tornaram mais flexíveis. De certa forma, os docentes da Unicamp foram ágeis em repensar as disciplinas levando em conta o melhor que poderia ser feito para promover educação de qualidade. A cada dia o processo se aprimora.

É o mundo ideal? Não. Mas a alternativa teria sido paralisar as atividades e esperar pela possibilidade da retomada. Não fazer nada, é claro, teria sido uma opção menos trabalhosa. Estaríamos, porém, de costas para a necessidade dos estudantes, que precisam garantir o menor tempo possível para se formarem e estarem qualificados para buscar um emprego ou uma opção de continuidade de formação, como a pós-graduação, por exemplo. Há ainda os alunos com bolsas atreladas a atividades didáticas e o processo de seleção para ingresso da próxima turma de calouros.

Não menos importante, foi possível reafirmar o papel da universidade pública, sua agilidade e capacidade de adaptação a novos desafios, o que está na essência do ambiente acadêmico, num momento em que a sociedade precisa muito disso. Suspender as atividades na Unicamp significaria abrir mão da missão da universidade que inclui formação de recursos humanos qualificado e diferenciado, extensão das atividades acadêmicas e dos conhecimentos adquiridos para diferentes setores da sociedade, oferecimento de assistência à saúde de excelência e continuidade da pesquisa básica, alicerce de avanços e da pesquisa aplicada, que busca transferir os conhecimentos para além dos muros universitários.

Existe também um aspecto psicológico que afeta toda a instituição, mas em particular os estudantes, principalmente os recém-ingressados na universidade. É preciso manter o senso de comunidade, a comunicação com os colegas e professores e fortalecer essa rede de apoio em um momento de incertezas e ansiedade decorrentes do afastamento social. Diversos estudos têm sido realizados sobre os efeitos do confinamento social na saúde mental de indivíduos, principalmente nos jovens, que têm uma necessidade mais exacerbada de socialização nessa etapa tão crítica da vida. Alguns estudos preliminares indicam a importância de os jovens manterem uma rotina, terem um sentimento de pertencimento, poderem trocar experiências uns com outros. Certamente perder a oportunidade da "vida no *campus*" e as interações presenciais é algo a se lamentar. Todos entendem, contudo, as limitações que uma condição externa tão grave nos impôs.

O caminho escolhido pela Unicamp trouxe desafios em série. A desigualdade de recursos entre os matriculados na universidade, metade proveniente de escola pública, é um problema que tentamos minimizar rapidamente ao ceder *notebooks*, *tablets*, *chips* ou pacotes de internet para estudantes que necessitavam de diversos recursos. Houve ainda situações particulares de estudantes, cursos e departamentos acadêmicos que precisavam ser acompanhadas e para as quais as soluções individualizadas foram oferecidas.

A pandemia acelerou a iniciativa – em andamento – de atualizar projetos pedagógicos para que sejam desenvolvidas competências relevantes para a nova geração de graduados de maneira que o uso de recursos tecnológicos seja vantajoso. É preciso pensar em uma universidade renovada para um mundo que será diferente em diversos aspectos. Sairemos dessa crise mais preparados e experientes para pensar nas páginas seguintes da história. Até lá, a cada aula seguimos buscando a melhor excelência possível.

Comentário

Qual a maneira mais correta de seguir as atividades didáticas no meio da pandemia? Essa discussão foi muito forte no primeiro semestre de 2020 na Unicamp e em todas as universidades do mundo. Optamos por migrar rapidamente para as atividades remotas, e essa transição foi bastante complexa e traumática. Certamente não estávamos preparados, e foi um choque para todos os docentes e estudantes. Diversos fatores são discutidos nesse texto, que coloca com clareza que estamos vivenciando uma situação emergencial, e que não temos dúvidas de que não é a ideal. Mas a realidade se impôs, e temos que lidar com ela da melhor forma possível, seguindo a missão da universidade que é formar estudantes com qualidade. Esse debate segue bastante atual, e ainda não temos clareza de como será o futuro. Mas certamente a pandemia será um divisor de águas no que se refere a uso de tecnologias em educação.

PARTE III
A universidade em perspectiva

Retrocesso histórico na educação superior

Coautora: Fernanda Leal

Ao longo de muitas décadas, as decisões do Governo Federal brasileiro determinaram o desenvolvimento do ensino superior, da ciência, da tecnologia e da inovação, com políticas acertadas em tópicos como financiamento e regulamentação. Desde os anos 1930, quando foram criadas as primeiras universidades federais e estaduais, prevaleceu o entendimento geral entre as autoridades nacionais de que as possibilidades de desenvolvimento de uma nação soberana dependem de investimentos progressivos na formação de recursos humanos e da promoção da ciência. Esses esforços remontam ao pós-guerra, quando foram fundados a Coordenação de Aperfeiçoamento de Pessoal de Nível Superior (Capes) e o Conselho Nacional de Desenvolvimento Científico e Tecnológico (CNPq).

Tanto as universidades públicas quanto as agências de fomento tornaram-se fundamentais para o desenvolvimento do país, a tal ponto que, hoje, seria impossível imaginar que o Brasil pudesse atender demandas nacionais críticas de crescimento social e econômico sem a participação dessas instituições. Diante desse contexto, é inacreditável o que tem acontecido com o país nos últimos anos, quando parece que o poder público passou a se voltar contra o ensino superior e a ciência.

Em agosto de 2018, no final do governo do presidente Temer, um ofício do Conselho Superior da Coordenação de Aperfeiçoamento de Pessoal de Nível Superior (Capes) causou comoção no meio universitário e de pesquisa. Esse documento, assinado pelo Presidente da Capes, informava que a fundação havia sido limitada a um teto que colocava as suas despesas em um patamar muito inferior ao próprio orçamento de 2018, e até ao que foi estabelecido pela Lei de Diretrizes Orçamentárias (LDO) de 2019. A Capes é a fundação vinculada ao Ministério da Educação (MEC) responsável pelo credenciamento, pela avaliação e pelo fomento dos programas de pós-graduação do país, por meio de bolsas para alunos, professores e pesquisadores, assim como de verbas para o apoio às despesas de custeio e de capital. O ofício deixava claro que o pagamento de bolsas oferecidas pela Capes aos programas de pós-graduação tinha grande possibilidade de ser interrompido.

Novas medidas relacionadas à Capes foram anunciadas no governo seguinte, do presidente Jair Bolsonaro. Passados dois anos, os efeitos foram, mais uma vez, sérios e prejudiciais ao ensino no Brasil. Na Unicamp, por exemplo, o total de bolsas de doutorado oferecido pela Capes caiu de 1769, em 2017, para 1563[1], em 2019. A participação da Capes no total de bolsas destinadas à Unicamp (somando Capes, CNPq e Fapesp) caiu de 58,75% para 54,5%. Para se ter uma ideia dos números totais, a Unicamp teve 5 810 alunos de mestrado e 6 702 de doutorado em 2019, segundo o Anuário Estatístico de 2020. Foram apresentadas 1 474 dissertações de mestrado e 1 017 teses de doutorado no mesmo ano.

A variação de qualquer ponto percentual em número de bolsas voltadas à pesquisa em uma instituição do porte como a Unicamp representa grande impacto para a ciência no país. Esses estudantes são fundamentais para a realização das pesquisas, que a colocam a universidade nos *rankings* internacionais e entre as primeiras universidades no Brasil e na América Latina. Esse sistema de pesquisa e de formação de recursos humanos de alto nível, construído ao longo de décadas de investimento, se vê ameaçado por decisões de políticos que parecem não entender nada desse sistema e de sua importância para o futuro do

1 Informações disponíveis em: https://www.aeplan.unicamp.br/anuario/2020/anuario2020.pdf, acesso em: out. 2020.

país. As consequências das restrições não são notadas somente a curto e médio prazo, mas comprometem os esforços realizados nos últimos 60 anos para colocar o Brasil como um protagonista emergente da ciência mundial.

As contribuições da ciência brasileira – conectada a um sistema de pós-graduação de excelência – ao desenvolvimento do país são incontestáveis. O sistema de pós-graduação vinha crescendo e se consolidando, formando um número crescente de mestres e de doutores com qualidade para atender às necessidades do próprio sistema de ensino superior, cuja demanda reprimida é ainda muito grande, e de outros setores da sociedade que carecem de recursos humanos capacitados. Além disso, o sistema de pós-graduação atende, por meio de numerosas formas de interação, às necessidades do sistema produtivo brasileiro, como se evidencia, por exemplo, na agricultura, nos biocombustíveis, na indústria aeronáutica e aeroespacial, na indústria do petróleo e do gás natural, e por meio de políticas sociais implementadas em distintos setores, com especial ênfase para a área de saúde. A visão que tem se estabelecido compromete o esforço acumulado por gerações de pesquisadores e de políticos que contribuíram para constituir o sistema de ciência e tecnologia nacional, fundamental para o desenvolvimento futuro do país.

As preocupações a respeito da Capes eram um prenúncio do que estaria por vir. As declarações e medidas promulgadas pelo presidente Jair Bolsonaro desde sua posse, em janeiro de 2019, aprofundaram o retrocesso. É até difícil acompanhar a sucessão de episódios, mas todos convergem para o mesmo ponto: o desprezo pela ciência e pela educação.

Em março de 2019, o Ministério da Ciência, Tecnologia, Inovação e Comunicações (MCTIC) anunciou o surpreendente corte de 42% no orçamento total, apesar das promessas eleitoriais de que haveria mais investimentos justamente em ciência, tecnologia e inovação (CT&I), passando de 1,5% do PIB para 3% – o que seria algo comparável à União Europeia. Comprovou-se o contrário. Uma decisão que viria também a ter consequências danosas para a sociedade em geral, inclusive para as universidades, que dependem dos recursos de agências públicas abastecidas pelo Governo Federal para financiar pesquisas. Interromper o fluxo de recursos impede o país de enfrentar muitos de seus desafios sociais e econômicos; setores estratégicos como saúde, energia e agricultura serão severamente afetados se tais restrições não são reconsideradas.

Desde o início da gestão do presidente Bolsonaro, o MEC tem sido alvo de polêmicas. De janeiro a abril de 2019, Ricardo Vélez Rodrígues, em sua breve passagem pela pasta, proferiu declarações extremamente ofensivas, que contrariam as tentativas de ampliar o acesso e democratizar o ensino superior público, como "Não existe a ideia de universidade para todas as pessoas. As universidades devem ser reservadas para uma elite intelectual".

Em abril, Ricardo Vélez foi substituído pelo economista Abraham Weintraub, que após ser nomeado, propôs cortes nos investimentos nas áreas de Filosofia e Sociologia, indicando sua preferência "por se concentrar em campos que gerem retorno imediato ao contribuinte, como medicina veterinária, engenharia e medicina", conforme pontuou o presidente Bolsonaro, na sua conta do Twitter. A desvalorização das Ciências Humanas e Sociais reflete a posição ideológica de Bolsonaro e sua atitude hostil em relação aos acadêmicos e universidades públicas; uma ameaça não apenas ao funcionamento dessas instituições, mas também à liberdade acadêmica.

Um mês após o início da gestão de Weintraub (que ficaria no cargo até meados de 2020, quando foi sucedido por Milton Ribeiro), foi anunciado corte orçamentário por supostamente promover turbulências e devido ao baixo desempenho acadêmico em universidades federais brasileiras: Universidade de Brasília (UnB), Universidade Federal Fluminense (UFF) e Universidade Federal da Bahia (UFBA). De acordo com o então ministro: "O dever de casa precisa ser feito: publicação científica, avaliações atualizadas, boas posições nas classificações." Ironicamente, essas três instituições estão entre as melhores do Brasil em *rankings* nacionais que medem qualidade do ensino e em *rankings* internacionais que medem produtividade em pesquisa, o que levanta dúvidas sobre as reais motivações da decisão tomada por Weintraub. As restrições orçamentárias rapidamente se espalharam por todo o sistema federal, com a ameaça de corte de 30% nos orçamentos operacionais de todas as universidades e institutos federais. Depois de muitos protestos, que demandaram uma grande dose de energia, o governo desistiu da ideia.

Além disso, em junho de 2019, uma intervenção levantou preocupações sobre a autonomia das universidades públicas. Pela primeira vez em duas décadas, o MEC rompeu com a tradição de aprovar a nomeação de um reitor que havia ganhado uma eleição realizada pela comunidade universitária. Isso viria a se repetir mais tarde em outras universidades. Em plena pandemia de 2020, o governo quis nomear diretamente reitores em vagas abertas por fins de mandato, alegando "impossibilidade" de realizar novas eleições – uma amostra clara do autoritarismo.

Além de todas essas medidas, a agenda de Bolsonaro para o ensino superior tende a afetar ainda mais as universidades de diversas outras maneiras, como nas tentativas de internacionalização do sistema universitário devido ao seu impacto em pelo menos três importantes programas nacionais: Programa Doutorado-Sanduíche no Exterior (Capes-PDSE), que financia a mobilidade internacional de pesquisadores doutorandos; Programa Institucional de Internacionalização (Capes-PrInt), que apoia a internacionalização nas IES; e Programa Idiomas sem Fronteiras (IsF), que promove a capacitação em línguas estrangeiras para comunidades universitárias.

As críticas ao ensino superior brasileiro que têm pautado ações do poder público não foram comprovadas. Bolsonaro, por exemplo, já afirmou que as instituições de ensino superior públicas são improdutivas, o que é não verdadeiro. Embora representem apenas 12,1% do sistema de educação superior nacional, elas são responsáveis por 90% da produtividade nacional em pesquisa. Além disso, os papéis sociais sessas instituições vão além da pesquisa para atingir a sociedade brasileira de diversas maneiras.

Afirmações de que apenas ricos frequentam as universidades públicas também são inverídicas. Apesar de essas instituições terem sido historicamente elitistas, elas se tornaram mais democráticas nos últimos anos. Por exemplo, uma Pesquisa de Perfil Socioeconômico de Alunos de Instituições de Educação Superior (IES) Federais de 2018 demonstra que 70% dos alunos de graduação dessas instituições vêm de famílias com renda mensal de até R$ 1 500. Ultimamente, têm crescido programas de cotas para graduados de escolas públicas de ensino médio e grupos minoritários que contribuem para a diversidade e ajudam a minimizar a grande desigualdade social do país.

Embora as perspectivas e medidas de austeridade propostas pelo presidente e pelo MEC não sejam aceitas pela sociedade e atraiam a atenção e protestos nacionais e internacionais, esses acontecimentos são apenas os passos iniciais para uma potencial calamidade para a ciência e o ensino superior no Brasil. Trata-se de um retrocesso gigantesco, que pode pôr a perder o que foi construído sob o comando de governantes do século passado, mas que aparentavam ter muito mais visão sobre inovação, educação e desenvolvimento.

Comentário

Este texto é um relato incompleto da série de retrocessos que temos vivido na área de ciência e educação pública no Brasil. É um texto que reúne ideias que publicamos sobre educação superior ao longo do governo Bolsonaro na revista International Higher Education: Higher Education and Science in Brazil: A Walk toward the Cliff? (No. 99, 2019) *https://doi.org/10.6017/ihe.2019.99.11639* e The Tragedies of Brazilian Higher Education (No. 105, 2021) *https://doi.org/10.36197/IHE.2021.105.17*. Compilei este texto no final de 2020, mas se precisasse atualizá-lo hoje, precisaria mais algumas páginas para contar que aparentemente ainda não chegamos ao fundo do poço pois, mesmo com a pandemia, os ataques à autonomia e à educação pública não cessam. Infelizmente é uma situação que preocupa, e que piora a cada dia.

Magna Charta Universitatum

Em 1988, algumas universidades europeias se reuniram para escrever um documento sobre os princípios fundamentais das universidades, a *Magna Charta Universitatum* (MCU), assinado desde então por mais de 800 universidades de 85 países. O Observatório da Magna Charta de Valores e Direitos Fundamentais (MCO) é o guardião global dos valores universitários consolidados nessa declaração. O MCO foi fundado pela Universidade de Bolonha e pela Associação de Universidades Europeias em 2000, realizando diversas atividades para consolidar, disseminar e discutir os valores e princípios contidos na declaração, com a preocupação de difundir a importância da construção e solidificação de valores nas instituições de ensino superior.

Desde a primeira versão da *Magna Charta*, o mundo mudou bastante, assim como a situação das universidades, que têm enfrentado desafios cada vez mais complexos. Em um planeta cada vez mais conectado, o número de universidades aumentou, e elas tiveram que se reinventar. Após alguns anos de discussões, foi elaborada uma nova versão da MCU (versão 2020), que foi lançada em um evento em junho de 2021.

Os valores têm se tornado cada vez mais importantes para as universidades. Não só os valores explícitos na MCU, como também os valores que as universidades adotam para dar suporte e expressar a sua missão. Isso ocorre por uma série de fatores, complexidade dos ambientes nos quais as universidades operam; diversidade das missões das universidades; expectativas extremamente variadas dos diversos atores, internos e externos, incluindo governos, agências nacionais, corporações civis e comerciais; competição crescente, para competir por recursos reduzidos; globalização e internacionalização; desenvolvimentos em TI e comunicações; situações complexas relacionadas a questões políticas, sociais e econômicas, que levam a questionamentos de como a educação superior deve responder; necessidade de uma resiliência crescente; entre outros.

Esses fatores, junto com outros eventos globais dramáticos, têm resultado em uma incerteza e imprevisibilidade, fazendo com que a tomada de decisões seja mais difícil. Assim, os valores se tornam cada vez mais importantes como base para decisões e operações. O sucesso será, ao menos parcialmente, determinado pela extensão na qual as universidades são capazes de colocar tais valores em prática, não somente para responder aos diversos fatores já mencionados, mas também para criar uma dinâmica que permita influenciar uma mudança social. Nesse sentido, os valores são absolutamente estratégicos para uma instituição.

Além disso, temos assistido, no Brasil e no mundo, diversos ataques aos valores primordiais das universidades, ou seja a autonomia e a liberdade acadêmica. Nesse contexto, é importante que exista um documento compartilhado e assinado por quase mil universidades de mais de 90 países, ressaltando quais são esses princípios, e porque eles são tão importantes. A existência do Observatório permite acompanhar situações críticas que ocorrem em alguns países, e mobilizar a comunidade mundial em torno de uma causa tão importante como o fortalecimento da educação superior.

Abaixo, transcrevo *Magna Charta Universitatum*[1] 2020:

Preâmbulo

A Magna Charta Universitatum, uma declaração e afirmação dos princípios fundamentais sobre os quais a missão das universidades deveria ser baseada, foi assinada em 1988 por ocasião do 900º aniversário da Universidade de Bolonha. O primeiro princípio declarado foi a independência: a pesquisa e o ensino devem ser intelectualmente e moralmente independentes de quaisquer influências políticas e interesses econômicos. O segundo foi que o ensino e a pesquisa deveriam ser indissociáveis, com os estudantes engajados na busca pelo conhecimento. O terceiro princípio identificou a universidade como um local de livre investigação e debate, que se distingue por sua abertura ao diálogo e rejeição à intolerância.

A Magna Charta Universitatum reconheceu que as universidades que defendem esses princípios poderiam assumir muitas formas sob a influência combinada da cultura, geografia e história. Apesar de ser explicitamente produto de um momento específico no desenvolvimento europeu, o documento previa um mundo em rede no qual o conhecimento e a influência deveriam cruzar fronteiras culturais na busca da compreensão humana.

Desde então, o mundo se tornou interconectado de maneiras inimagináveis na época da declaração original. As universidades proliferaram em todo o mundo, aumentando drasticamente em variedade, bem como escopo e missão. Globalmente, o número e a diversidade de estudantes que buscam uma educação universitária aumentaram, assim como suas razões para fazê-lo e as expectativas de suas famílias e comunidades. O número de publicações aumentou enormemente enquanto a confiança na academia está sendo corroída pela perda de confiança na competência. Com o avanço das novas tecnologias, os modos de aprendizagem, ensino e pesquisa estão mudando rapidamente; as universidades estão liderando e respondendo a esses desenvolvimentos.

---

1 Disponível em: http://www.magna-charta.org/magna-charta-universitatum/mcu-2020, acesso em: 31 de maio de 2021.

Apesar dessas mudanças, o potencial do ensino superior para ser um agente positivo de mudança e transformação social perdura. Os princípios estabelecidos na Magna Charta Universitatum são tão válidos hoje como eram em 1988, e são a pré-condição necessária para o avanço humano por meio de investigação, análise e ação sólida. As mudanças dramáticas descritas acima exigem que a academia global identifique responsabilidades e compromissos que os signatários concordam serem vitais para as universidades em todo o mundo no século XXI. Essa é a razão desta nova declaração.

Princípios, Valores e Responsabilidades

As universidades reconhecem que têm a responsabilidade de se envolver e responder às aspirações e desafios do mundo e às comunidades que servem para beneficiar a humanidade e contribuir para a sustentabilidade.

A autonomia intelectual e moral são as marcas de qualquer universidade e uma pré-condição para o cumprimento de suas responsabilidades com a sociedade. Essa independência precisa ser reconhecida e protegida pelos governos e pela sociedade em geral, e defendida vigorosamente pelas próprias instituições.

Para cumprir seu potencial, as universidades requerem um contrato social confiável com a sociedade civil, que apoie a busca da mais alta qualidade possível do trabalho acadêmico, com pleno respeito à autonomia institucional.

À medida que criam e disseminam o conhecimento, as universidades questionam dogmas e doutrinas estabelecidas e incentivam o pensamento crítico em todos os estudantes e acadêmicos. A liberdade acadêmica é sua força vital; indagação aberta e diálogo livre seu alimento.

As universidades abraçam seu dever de ensinar e o desenvolvimento ético de investigação com integridade, produzindo resultados seguros, confiáveis e acessíveis.

As universidades têm um papel e uma responsabilidade cívica. Fazem parte de redes globais, colegiadas de pesquisa científica e erudição, construindo sobre corpos compartilhados de conhecimento e contribuindo para novos avanços. Estão também incrustradas nas culturas locais e sua relevância é crucial para seu enriquecimento e futuro. Embora estejam imersas em e conectadas com desenvolvimentos globais, se integram plenamente e assumem papéis de liderança em comunidades e ecossistemas locais.

As universidades são espaços não discriminatórios de tolerância e respeito onde a diversidade de perspectivas floresce e onde prevalece a inclusão, ancorada em princípios de equidade e justiça. Por isso, comprometem-se a promover a equidade e a imparcialidade em todos os aspectos da vida acadêmica, incluindo as admissões, contratações e práticas de promoções.

A educação é um direito humano, um bem público, e deveria ser disponível para todos. As universidades reconhecem que a aprendizagem é uma atividade ao longo da vida com o ensino superior como parte de um contínuo. Dentro dessa parte, as universidades atendem diversos estudantes em todas as fases de suas vidas.

As universidades reconhecem que indivíduos e comunidades, muitas vezes devido a circunstâncias de inequidade, têm dificuldade em obter acesso ao ensino superior ou influenciar modos e conteúdos dos estudos acadêmicos. Para tornar realidade o potencial humano em todos os lugares, as universidades buscam deliberadamente maneiras de acolher e se envolver com diversas vozes e perspectivas.

Ao assinar a *Magna Charta Universitatum* 2020, as universidades declaram seu compromisso com a declaração original e com a defesa e o avanço dos Princípios, Valores e Responsabilidades acima indicados, para fortalecer o papel das universidades na promoção da saúde, prosperidade e iluminação em todo o mundo.

Aprovado pelo Conselho Deliberativo em 12 de março de 2020

Comentário

O assunto aqui tratado é particularmente relevante, pois reforça que a autonomia e a liberdade acadêmica são pilares fundamentais das universidades do mundo todo. Há, inclusive, um observatório específico para ressaltar essas questões e cuidar para que elas sejam cumpridas. Como a Magna Charta foi assinada em 1988, estava desatualizada, e diversas questões atuais e relevantes precisaram ser revistas. Durante dois anos, diversas comissões trabalharam nessa revisão, e a carta foi lançada em uma cerimônia em junho de 2021. Tive a honra de assinar a carta ainda como Reitor da Unicamp, e atualmente sou membro do Conselho do Observatório da Magna Charta[2].

2 Mais informações: http://www.magna-charta.org, acesso em: 14 ago. 2020.

Raio-X da Educação Superior Brasileira

Hoje em dia, tudo vira informação, e cada vez mais dados são fundamentais em nossa vida. Existe até uma área específica, denominada mineração de dados (*data-mining*), que vem crescendo continuamente. Há tantos dados, em tantas fontes diferentes, que precisamos de ferramentas adequadas para encontrar a informação, e depois outro conjunto de ferramentas para depurar e apresentar adequadamente os dados, que somente então podem ser aproveitados para compreender tendências, comportamentos, e assim planejar, de forma estratégica, políticas públicas, por exemplo. Na área de educação superior temos muitos dados e maneiras de enxergá-los.

Uma ferramenta importante é o Censo da Educação Superior, organizado anualmente pelo Instituto Nacional de Estudos e Pesquisas Educacionais Anísio Teixeira (Inep), ligado ao Ministério da Educação (MEC). Trata-se de um levantamento com dados que auxiliam a formulação, o monitoramento e a avaliação das políticas públicas e das pesquisas. O Censo coleta informações sobre as Instituições de Educação Superior (IES), os cursos de graduação e sequenciais e os estudantes e professores vinculados a esses cursos. Os resultados também são usados pelo Sistema Nacional de Avaliação da Educação Superior (Sinaes), para o cálculo dos indicadores de Conceito Preliminar de Curso (CPC) e do Índice Geral de Cursos (IGC). Os dados permitem, por meio do seguimento de informações de diferentes edições, a análise da trajetória dos estudantes a partir do ingresso em determinado curso de graduação e, consequentemente, indicadores de acompanhamento na educação superior.

O Censo de 2018 indica que foram ofertados, naquele ano, 37.962 cursos de graduação e 45 cursos sequenciais em 2.537 IES, com um total de 8.450.755 matrículas. Das IES, 88,2% são privadas e 11,8% são públicas (federais, estaduais e municipais). A distribuição dos estudantes nos cursos brasileiros acontece da seguinte forma: 83,1% em instituições privadas e 16,9%% nas públicas. Essa proporção é bastante incomum no mundo, e era diferente dois anos antes (75,3% a 24,7%), indicando um crescimento do setor privado.

Há 199 universidades no país, que correspondem apenas a 7,8% do total de IES, mas que concentram 52,9% das matrículas em cursos de graduação. Os cursos de bacharelado representam 59,9% das matrículas na graduação.

O Censo mostra também que há pouco aproveitamento das vagas oferecidas nas instituições de ensino brasileiras, principalmente nas privadas. Das 13,5 milhões de novas vagas, apenas 30,6% foram preenchidas. Entre as públicas, o índice fica bem acima do total geral: 80,6% % das vagas novas de 2018 foram ocupadas (no segmento das federais, a taxa é de 91%).

O número de matrículas na modalidade a distância passou dos 2 milhões em 2018 (24,3% do total). O crescimento foi de 17% sobre 2017, enquanto a graduação presencial registrou diminuição de 2,1%. Estou curioso para saber como as experiências com o ensino remoto emergencial reforçarão ainda mais essa tendência a partir de 2020/2021, agora que muitas resistências ao ensino mediado por tecnologias foram quebradas. É bem possível que haja um salto brusco neste indicador num breve futuro.

O Censo indica ainda que aproximadamente 1,2 milhão de estudantes concluíram a Educação Superior naquele ano, sugerindo que há uma evasão considerável, que ainda precisa ser investigada com mais detalhe.

Mostra também os dez maiores cursos de graduação do Brasil, que concentram 48% das matrículas de todo o Ensino Superior. São eles: Direito (863 101), Pedagogia (747 890), Administração (654 843), Contabilidade (359.840), Engenharia Civil (318 237), Enfermagem (313.237), Psicologia (260 725), Educação Física (190 148), Fisioterapia (174 662) e Sistemas de Informação (172 954). Quase uma década antes, em 2009, administração era o curso campeão, seguido por direito, pedagogia e contabilidade.

Os resultados ainda indicam a dificuldade do país em ampliar a participação de jovens de 18 a 24 anos no Ensino Superior. Apenas 21,7% dos brasileiros nessa faixa etária estão no Ensino Superior, enquanto a meta do Plano Nacional de Educação seria chegar ao patamar de 33% em 2024[1]. Ou seja, o Brasil precisaria aumentar em 11% o número de jovens em IES em pouco mais de seis anos, tarefa que parece bastante difícil.

As desigualdades são outro tema que emerge do Censo, na análise da população entre 18 e 29 anos. A média de anos de estudo varia muito entre os 25% de maior renda (13,2) e 25% de menor renda (9,7), e também entre brancos (11,9) e pretos ou pardos (10,9).

Todos esses dados possibilitam realizar um verdadeiro raio-X na educação superior brasileira. São muitas as questões importantes: quais dificuldades se evidenciam? Que áreas de conhecimento estão mal cobertas para as necessidades brasileiras projetadas para as próximas décadas? Que grupos de brasileiros seguem em franca desvantagem? Para que tenhamos as melhores respostas, o levantamento não pode se encerrar nos números. É crucial o envolvimento de gestores e educadores qualificados e diversos – em raça, gêneros, regiões do país e outros fatores – para pensar a educação de diferentes ângulos e assim fazer dela uma potente ferramenta para a construção do nosso futuro.

1 Como comparativo, essa taxa líquida de matrículas chega a quase 60% na Coréia do Sul.

Comentário

É fundamental acompanharmos os resultados do Censo e como evolui o setor de educação superior no Brasil. Por um lado, é importante que os dados se mantenham atualizados e fidedignos, para que políticas públicas e estudos possam ser muito bem fundamentados. Por outro, é importante que diversas pesquisas utilizem esses dados para fazer análises de tendências, e poder compreender de uma maneira mais aprofundada o setor. Infelizmente, as instabilidades políticas têm colocado em risco até a base de dados, o que deixa os pesquisadores de qualquer área do conhecimento absolutamente arrepiados.

A era internacional da Educação Superior

A Educação Superior está passando por um período de grandes transformações e há diversos fatores que indicam que a sua internacionalização é um fenômeno que tende a crescer nos próximos anos. Dependendo das estratégias a serem empregadas, alguns países podem ter uma importante vantagem competitiva. Evidentemente, do ponto de vista acadêmico, a internacionalização é um ganho muito válido na formação dos estudantes, que têm a possibilidade de realizar um estágio no exterior – adquirindo experiência e vivência internacional, além de ter contato com novas tecnologias e culturas. É também um ganho para as próprias universidades que, entre as diversas vantagens, passam a ter um *campus* com maior diversidade cultural, o que é fundamental para uma formação mais ampla, ancorada em valores democráticos e éticos, no diálogo e na compreensão mútua.

Entretanto, a internacionalização da Educação Superior depende de muitos elementos. Certamente, as pressões do mercado e as necessidades dos diversos atores desse complexo sistema determinarão o cenário mundial nos próximos anos. Só para citar alguns exemplos, listo a seguir alguns destaques no cenário mundial. Vale, porém, destacar que esta é uma breve análise, que serve para indicar possíveis tendências.

- Mudança na demografia mundial: com o declínio das taxas de natalidade nos países mais desenvolvidos, a África, a Ásia e a América Latina são essencialmente os responsáveis pelo crescimento populacional mundial. Uma consequência imediata é a falta de mão de obra qualificada nos países desenvolvidos, levando a políticas mais agressivas de imigração e recrutamento de estudantes estrangeiros (fato que já vem ocorrendo em diversos países). Mas as grandes taxas de crescimento em países que não têm uma estrutura educacional bem estabelecida já levam, naturalmente, à busca de oportunidades em outros países. Com o aumento populacional e o envelhecimento da população, há pressões sociais naturais para mudanças na destinação de recursos públicos, da educação para a saúde, por exemplo. Não é claro, nesse cenário, como diversos países, a exemplo do Brasil, vão responder à demanda pela massificação da Educação Superior, que já atinge de 40% a 50% da população jovem em algumas regiões do mundo.
- Educação como mercado global: estima-se que, em média, 3 milhões de estudantes podem vir a ter, atualmente, uma experiência internacional; algumas estimativas indicam que esse número possa chegar a 6 milhões em 2025. Como a demanda global por vagas excede a oferta, há certamente uma competição que vem se acirrando ano após ano. Alguns países já enxergaram a oportunidade que isso representa e vêm estimulando fortemente a mobilidade de estudantes. As agendas políticas têm, em muitos casos, favorecido o intercâmbio e obrigado a formação a ser mais internacional, com bolsas de estudo e reconhecimento de disciplinas e cursos realizados em outros países (um exemplo interessante é o Processo de Bolonha[1], na Europa). Fora isso, a globalização da economia

1 A Declaração de Bolonha foi firmada em junho de 1999 na cidade italiana de Bolonha. O acordo foi firmado entre os ministros da educação de 29 países europeus com o objetivo de fortalecer e fomentar a educação superior na Europa. A ideia é garantir a liberdade competitiva e a abertura do ensino superior buscando tornar as universidades mais unificadas e facilitando o intercâmbio de estudantes, professores e pesquisadores.

tem levado cada vez mais a uma globalização do mercado de trabalho – o que vai ao encontro da agenda da investigação científica, que por natureza já é internacional. Assim, a comunicação torna-se um fator crucial, e o inglês (idioma dominante no mundo dos negócios e da pesquisa) encaixa-se naturalmente como a língua preferencial. Logo, os países onde o inglês é o idioma utilizado na Educação Superior têm uma vantagem competitiva nesse complexo "mercado" da educação. Esses países incluem Estados Unidos, Austrália e Reino Unido, mas também Índia, África do Sul, Hong Kong, Singapura e demais países na Europa, na África ou no Sudeste Asiático que utilizam preferencialmente o inglês. A tendência ainda é que as IES passem a cobrar mais taxas e os estudantes considerados "clientes".

- Financiamento público em declínio: o gasto público por estudante está caindo globalmente, e os governos repassam os custos tanto para as instituições quanto para os estudantes. Há pressões para uma transparência cada vez maior nas ações das universidades em relação aos recursos financeiros, às atividades desenvolvidas e aos resultados. Com isso, há uma tendência para que as universidades sigam uma gestão de recursos mais inteligente com planejamento estratégico e com foco na eficiência. A falta de recursos públicos tem estimulado algumas parcerias criativas com o setor privado em muitas universidades públicas, principalmente para a construção de prédios e/ou realização de programas específicos. Além de estimular a educação como um bem ou um produto que pode ser vendido no mercado (nacional ou internacional), a diminuição de recursos públicos torna o planejamento a longo prazo algo extremamente difícil.
- Mudanças no cenário mundial da Educação Superior: apesar de todas as críticas recebidas, os *rankings* das instituições de Ensino Superior têm sido utilizados para moldar algumas políticas públicas em determinados países, como Japão, Hong Kong e Coreia do Sul. Outros países planejam ações com metas

> ambiciosas, como a China, que pretende ter diversas universidades entre as 50 melhores do mundo. Uma análise de diversos *rankings* indica a tendência de países fora do eixo tradicional – formado por Estados Unidos e alguns países da Europa – a buscarem estratégias para se tornarem centros (*hubs*) educacionais importantes em sua região de abrangência. Vale citar o caso de países como China, Singapura, Malásia, Coreia do Sul e Países do Golfo, que objetivam se tornar centros de ensino e de pesquisa de nível mundial. Nessa estratégia, eles têm cooperado com universidades consagradas, gerando um amplo debate sobre os modelos de internacionalização em todos os países envolvidos.

Chama a atenção a ausência da África e da América Latina nesse cenário de mudanças e de internacionalização; fato que, além de exigir ações dos responsáveis pela educação nessas regiões, nos impõe a pergunta: o que falta para internacionalizar o Ensino Superior no Brasil? Há experiências muito pontuais de MBAs e cursos de extensão oferecidos em inglês no território brasileiro, porém é preciso discutir a regulamentação dessa prática em grandes centros de ensino, tornando os cursos não só atraentes a professores e estudantes de outras nações, mas também acessíveis para a população local. Imaginem a riqueza da troca de experiências. Com a difusão do ensino remoto (ou semipresencial), fortemente impulsionado na pandemia de Covid-19, essas conexões foram mais possibilitadas e/ou intensificadas (até mesmo exigidas) no novo "normal" a que passamos vivenciar na comunicação, na educação e em diversas áreas, no dia a dia. Renunciar a essas conexões devido a uma barreira de idioma é se isolar de um mundo que avançou 20 casas nessa teia. Mas, para isso, antes teríamos de avançar 50 casas em outra área: o aprendizado de outras línguas, que infelizmente é deficitário mesmo entre as classes com maior poder aquisitivo. Enquanto outros países têm um ensino efetivo da língua inglesa nas etapas iniciais do ensino, acessível à grande parte da população independentemente da classe social, o Brasil tem dificuldades nessa tarefa e a compreensão de outros idiomas às vezes não é mais um fator que evidencia a desigualdade social.

Há muitas outras questões para levantar quando se fala em internacionalização do Ensino Superior. A instabilidade política de diversas regiões, as crises econômicas que cada vez mais assumem um caráter global, os desastres naturais, a diversificação do Ensino Superior com cursos de formação geral e cursos técnicos, entre outros fatores. Entretanto, os pontos aqui levantados já podem indicar a complexidade da educação na era da internacionalização, com questões que dependem de tantos fatores que se torna praticamente impossível prever o que de fato pode ocorrer no futuro. Nesse contexto complexo, há uma corrida por "cérebros" seja de professores em final de carreira que buscam novas oportunidades profissionais e/ou o retorno ao seu país de origem, assim como de pesquisadores no início de carreira à procura de colocação que lhes permita um futuro mais promissor, ou mesmo de estudantes em busca de alternativas mais interessantes e rentáveis. Diante desse cenário, o caso da América do Sul, e em particular do Brasil, merece uma discussão aprofundada , com discussão de políticas públicas específicas para se posicionar frente a esta realidade da globalização.

Comentário

A versão original deste artigo foi publicada em junho de 2018 em inglês, a partir de reflexões sobre a globalização e sobre como o Brasil se insere nesse complexo quebra-cabeça mundial, com o título "*Universities in a World in Rapid Transformation*", disponível em: https://www.insidehighered.com/blogs/world-view/universities-world-rapid-transformation, acesso em: 2 out. 2020. Há muitos fatores em jogo e a dinâmica é bastante veloz: em 2021, temos uma situação política e sanitária bastante diferente de 2018. É importante, porém, compreendermos o contexto mundial para ver de que modo a América Latina pode ter um papel mais relevante no contexto da educação superior global.

Cem anos da Reforma Universitária de Córdoba

Em 2018, foram festejados os cem anos da Reforma Universitária de Córdoba. Essa Reforma, ocorrida em 1918, em Córdoba, Argentina, é um acontecimento que impactou significativamente as universidades da América Latina e do mundo. Naquela época existiam, entre os estudantes argentinos, diversas inquietudes relacionadas à transformação da sociedade. Essas inquietudes eclodiram na Universidade de Córdoba – fundada em 1613 –, que mantinha, como muitas outras universidades no início do século XX, diversas normas e procedimentos incompatíveis com a realidade daquele momento. A luta estudantil desses argentinos começou em 1917, na Faculdade de Medicina, que tinha suspendido o internato no Hospital de Clínicas. O movimento cresceu e a essa demanda foram somadas outras reivindicações que exigiam reformas acadêmicas e mais democracia na tomada de decisões.

Os estudantes organizaram o Comitê Pró-Reforma Universitária e a Federação de Estudantes de Argentina, ambos com representantes de várias universidades do país. Foram realizadas diversas greves e paralisações, mas o movimento teve a sua máxima expressão no dia 21 de junho de 1918, com a publicação do Manifesto Liminar, na *Gazeta Universitária*, que se tornou a plataforma do movimento[1].

Dentre as conquistas alcançadas, podemos destacar: a autonomia universitária, que permitiu escolher as autoridades e planejar internamente os programas de estudo sem intervenção dos governos de plantão; o co-governo, que ocorreu com a criação de órgãos de representação, no qual a voz das distintas categorias seria considerada; a liberdade de cátedra, segundo a qual os docentes poderiam ensinar sem censuras – situação que havia levado anteriormente à expulsão de professores; a proclamação da missão social da universidade, que hoje corresponde à extensão universitária, de modo muito geral.

Podemos dizer que, após cem anos da Reforma Universitária de Córdoba, a luta dos estudantes orientou o caminho da Educação Superior. Além de terem postulado princípios democráticos e acadêmicos que estão vigentes em quase todos os centros de educação pública do mundo até hoje, levaram à melhoria dessas instituições. Naturalmente, o século XXI nos impõe novos desafios, com a necessidade de seguir avançando para redefinir uma nova ideia de universidade na América Latina.

Comentário

Os cem anos da reforma de Córdoba foram celebrados em todo o mundo, mas principalmente na América Latina. A importância desse movimento é até hoje sentida nas universidades latino-americanas e na sua governança. O mais impressionante é perceber que muitas das pautas daquele movimento continuam válidas, e que sempre devemos prestar atenção no que dizem os jovens. Não podemos jamais nos acomodar. Para um panorama mais amplo sobre a Reforma de Córdoba, vale a pena consultar o artigo "A reforma universitária de Córdoba: um manifesto por

1 Há uma tradução para o português do Manifesto Liminar, disponível em: https://manifiestodecordoba1918.blogspot.com/2008/03/reforma-universitria-de-1918-da.html, acesso em: 24 ago. 2020.

uma universidade latino-americana", do professor José Alves de Freitas Neto, disponível em: http://www.gr.unicamp.br/ceav/revistaensinosuperior/ed03_junho2011/pdf/10.pdf.

A Unicamp e a América Latina

Coautor: José Alves de Freitas Neto

A posição da Unicamp entre as universidades latino-americanas nos últimos *rankings* foi celebrada pela comunidade interna como reconhecimento dos esforços coletivos para a construção de uma universidade de referência no continente e no mundo, em pouco mais de cinquenta anos. Essa posição ressalta a necessidade de pensar quais os novos desafios e como fortalecer a conexão da Unicamp com a América Latina.

A Unicamp recebeu e recebe muitos pesquisadores e estudantes dos países vizinhos. A internacionalização ocorre primordialmente com o trânsito e as cooperações entre universidades que enfrentam desafios similares e inseridas em países com experiências culturais, sociais e políticas aproximadas. A maioria dos países latino-americanos tem hoje sistemas democráticos com eleições livres. Nas últimas décadas, muitos desses países sofreram reformas e ajustes estruturais que visavam à globalização da economia. As políticas de cortes neoliberais foram a principal dinâmica para a inserção internacional de alguns países, que também sofreram o aumento das desigualdades socioeconômicas.

A construção de uma identidade da universidade latino-americana pode ser entendida historicamente. Um exemplo significativo dessa identidade pode ser encontrado no começo do século XX, na *Universidad de la República de Uruguai* (UDELAR), na qual a participação dos estudantes em órgãos colegiais foi permitida com a lei orgânica de 1908.

Outro exemplo foi o primeiro Congresso Internacional de estudantes latino-americanos, ocorrido no mesmo ano na capital uruguaia Montevidéu. Esse Congresso ecoou em Córdoba, na Argentina, berço da famosa Reforma Universitária de 1918. O co-governo, introduzido nessa reforma, ecoou também fortemente em outras instituições coloniais – universidades ou instituições de ensino superior – que foram fundadas nos primeiros séculos da colonização espanhola[1] ou no século XIX, quando a família real portuguesa veio para o Brasil para escapar das invasões napoleônicas. A maioria dessas instituições tinha cristalizado formas de governo e transmissão de conhecimento em que o atraso, a dependência e o subdesenvolvimento eram perpetuados. Sua tradição de ensino, retórica e escolástica, era espelhada nas principais universidades europeias. A Reforma Universitária de Córdoba nos legou a defesa da autonomia universitária, a mudança no processo de ensino e de docência e a democratização da universidade.

Em comum, a empresa colonial desenvolvida pela Espanha e a desenvolvida por Portugal deixaram uma herança de centralização em controles, autoridades e poderes. Contra tudo isso, os estudantes de Córdoba emergiram em 1918, lançando um ideal de força renovada para a universidade latino-americana. Os reflexos de Córdoba foram sentidos na construção de uma identidade e uma ética da América Latina, o que constituiu uma força essencial para a construção de um espaço acadêmico comum que agora enfrenta um enorme conjunto de desafios. A América Latina é composta de 20 países, com mais de 625 milhões de habitantes, uma taxa de crescimento anual da população em torno de 2,1%, com melhoras na expectativa de vida. O sistema latino-americano de Ensino Superior é composto de cerca de 6 000 instituições, entre públicas e privadas, sendo 85,5% não-universidades. As universidades (cerca de 900) concentram cerca de 70% das matrículas.

1 Universidades mais antigas: Universidade principal de San Carlos em Córdoba, Argentina, 1613; Universidade de Buenos Aires, Argentina, 1821; Universidade do Chile, Chile, 1842; Universidade da República, Uruguai, 1849; Universidade Nacional de Assunção, Paraguai, 1889.

Talvez muitos desconheçam a importância fundamental de professores e pesquisadores latino-americanos que vieram para a Unicamp nos primeiros anos da universidade. Nas diferentes áreas de conhecimento há contribuições de vizinhos que, muitas vezes, fugindo das perseguições políticas das ditaduras locais encontraram espaço na Unicamp dos tempos de Zeferino Vaz. Outros, idealistas, vieram construir aqui um novo modelo de universidade, encontrando um refúgio após anos de exílio em outros países.

Diversos encontros relevantes para o cenário intelectual latino-americano ocorreram na Unicamp. Por exemplo, em janeiro de 1980 e em julho de 1983, alguns dos pensadores mais importantes do continente, como o uruguaio Ángel Rama e o peruano Antonio Cornejo Polar, a convite de Antonio Candido, reuniram-se no Instituto de Estudos da Linguagem (IEL) para discutir a literatura latino-americana. A ensaísta argentina Beatriz Sarlo participou do evento de 1980 e publicou entrevistas com Rama e Candido destacando, a partir do evento de Campinas, a discussão sobre dependência cultural e outras questões que expressariam "um debate importante convocado no Brasil" no campo das letras e das humanidades.

Nos anos mais recentes, de forma pulverizada, cresceu o intercâmbio em outras áreas e são muitos os docentes, pesquisadores e estudantes que integram grupos de pesquisa em parceria com universidades e centros de pesquisa do exterior, além dos programas de mobilidade estudantil e de docentes.

A integração latino-americana, enquanto questão política e cultural, deveria ser assumida como uma tarefa central das universidades. A circulação do conhecimento e as cooperações culturais, científicas e tecnológicas são fundamentais para promover a autonomia do continente e almejar a emancipação dos países, sociedades e indivíduos.

O respeito às diversidades epistemológicas e culturais, o papel da ciência e da tecnologia como indutoras do desenvolvimento dos países são algumas das pautas comuns às universidades latino-americanas. Há conhecimento acumulado e que precisa ser compartilhado em temas como energia e biodiversidade, o combate ao analfabetismo e o aprimoramento da Educação Básica, a saúde pública, o planejamento urbano e os desafios de cidades inteligentes e sustentáveis. Além disso, como marco de referência cultural, há que impulsionar o conhecimento e a circulação de saberes nas áreas de história, literatura e a importante produção artística e audiovisual feitas em território latino-americano. A América Latina tem uma característica única de uma boa homogeneidade linguística. Apesar de serem línguas diferentes, a experiência mostra que a adaptação ao português e espanhol é relativamente simples, o que facilita imensamente o intercâmbio de pessoas e ideias.

A Unicamp, na esteira do centenário da Reforma Universitária de Córdoba, criou uma ação importante para ampliar a integração: o Observatório Latino-Americano (OLA), que pretende ser um indutor de cooperações com outras universidades do continente e fortalecer os vínculos entre estudantes e pesquisadores. A proposta é construir na Unicamp um espaço de interpretação e atuação com práticas multi- e interdisciplinares sobre fenômenos históricos, políticos, sociais, econômicos, culturais, educacionais e científicos do continente latino-americano.

Vale destacar também o programa dos Embaixadores da Unicamp, que pretende contar com a colaboração voluntária de ex-docentes, ex-funcionários ou ex-alunos que vivem no exterior e que auxiliem na difusão da Unicamp e de seus grupos de pesquisa. O intuito é incrementar e dar respaldo a ações que resultem em acordos, parcerias e cooperações.

Com essas e outras ações, a Unicamp se propõe a consolidar o seu papel de referência entre as universidades latino-americanas, atraindo pessoas e projetos que nos imponham novos desafios e estimulem a produção acadêmica, cultural e científica, pautados na liberdade de ensino e pesquisa, na defesa da democracia e dos direitos humanos.

Comentário

Escrevemos este artigo em 2018, no âmbito das comemorações do centenário das reformas de Córdoba, mas ele acabou não sendo publicado. Parece incrível que existam tão poucos centros de estudos latino-americanos nas nossas universidades. Há diversos centros desse tipo em universidades do mundo todo, mas nós, que estamos aqui, temos aparentemente uma rejeição histórica com os problemas e as questões que afligem a América Latina, ou seja, que nos atingem. Estamos tentando mudar essa situação na Unicamp, não só criando programas e projetos que vençam essa barreira, mas também buscando uma aproximação maior com colegas e universidades de toda a região. Mais recentemente lançamos também o programa *Otras Latinoamericas*, pelo qual estão sendo convidados artistas latino-americanos para um estágio de mais longa duração na Unicamp.

PARTE IV
A comunidade acadêmica

O ENEM: um funil gigante[1]

Coautor: Simon Schwartzman

A época de inscrições para o vestibular é crítica para milhões de estudantes em todo o Brasil. A temporada de provas para ingresso no Ensino Superior começa com o Exame Nacional do Ensino Médio (Enem), organizado pelo Ministério da Educação (MEC). O Enem foi originalmente introduzido para avaliar a qualidade do Ensino Médio no país, mas evoluiu para uma prova de conteúdo voltada a outras finalidades. Entre elas, estão a admissão nas principais universidades federais e em outras instituições públicas passou a ser um fator de forte influência na distribuição de auxílio financeiro para estudantes e um requisito para concorrer a bolsas (como ocorreu no programa Ciência sem Fronteiras).

Há cerca de 8 milhões de estudantes inscritos para o exame, que competem para aproximadamente 250 mil vagas no sistema federal de Ensino Superior, o chamado Sistema de Seleção Unificada (SISU). A prova é aplicada simultaneamente em todo o país, no antigo formato de cópia impressa que requer respostas escritas à mão, o que impõe muitos desafios logísticos e representa um custo gigantesco. Além disso, o conceito do exame em si mostrou-se prejudicial ao Ensino Médio,

1 Texto adaptado do original em inglês, publicado em 2016: S. Schwartzman and M. Knobel "High-Stakes Entrance Examinations: a View From Brazil." *International Higher Education 85* (Spring, 2016): 19-20. Disponível em: https://archive.org/details/simon_schwartzman_8297, acesso em: 10 jun. 2020.

conforme discutido no artigo "O impasse do Ensino médio e o Funil do ENEM"[2].

Em primeiro lugar, a crescente dominância desse exame – que requer conhecimentos bastante profundos em Matemática, Física, Química, Biologia, Português, Inglês, História, Geografia e Redação – molda efetivamente o currículo do Ensino Médio com claras desvantagens para aqueles que não pretendem participar do SISU e para aqueles que não pretendem se candidatar a vaga em nenhuma universidade. Como apontado por Luiz Carlos Freitas no texto "Califórnia suspende seu 'Enem' obrigatório"[3], sabe-se que políticas baseadas em provas "decisivas" se tornaram um sério mal para o processo de aprendizado dos estudantes. A Califórnia inclusive baniu o exame de avaliação do Ensino Médio. Segundo o portal de notícias *SFGate*: "Alguns estudos mostraram que muitos alunos da Califórnia não aprovados no exame de saída tiveram desempenho tão bom quanto o dos aprovados em outros indicadores acadêmicos, tais como provas anuais padronizadas e trabalhos de classe, sinalizando que outros fatores além da habilidade de realizar provas poderiam estar em jogo"[4].

No Brasil, deveríamos caminhar para desenvolver um currículo de Ensino Médio que pudesse acomodar certo grau de diversidade, como foi feito em outros países, e não um currículo único orientado para um exame que não é relevante para todos. Um núcleo comum e geral de ensino deveria ser a base de todos os cursos, seguido por caminhos eletivos que ofereçam um conhecimento mais específico para aqueles que desejam dar prosseguimento aos estudos acadêmicos ou seguir uma carreira de nível superior mais especializada, assim como para aqueles que buscam uma preparação técnica para entrar no mercado de trabalho ao concluir o Ensino Médio.

---

2 Disponível em: http://www.schwartzman.org.br/sitesimon/?p=5289&lang=en-us, acesso em: 7 set. 2020.

3 Disponível em: http://avaliacaoeducacional.com/2015/10/19/california-suspende-seu-enem-obrigatorio-2/), acesso em: 7 set. 2020.

4 Disponível em: http://www.sfgate.com/bayarea/article/With-Exit-Exam-scrapped-search-for-now-qualified-6567342.php, acesso em: 7 set. 2020.

A priori, o Ensino Médio deve ser um período de formação e qualificação, geral e/ou profissional, e não um longo curso preparatório para uma universidade. Portanto, o Enem precisaria ser modificado, com foco na avaliação do nível secundário de instrução, levando-se em consideração a inevitável diversidade de estudantes e os objetivos existentes dentro do sistema. O Enem deveria ser uma prova de conhecimentos gerais focada em comunicação e raciocínio matemático, com distintas avaliações para os diversos caminhos a serem percorridos por diferentes estudantes, incluindo um sistema de certificação para as carreiras técnicas e profissionais.

Do ponto de vista da logística, está claro que o modelo de provas impressas aplicadas em todo o país é insensato. O exame deveria ser oferecido em diferentes momentos e localidades, por meio de modernos dispositivos e tecnologias de comunicação e informação, como os utilizados na aplicação de provas em outros lugares do mundo.

Uma das principais justificativas para o "caráter de ingresso unificado" do Enem era que ele tornaria o acesso ao Ensino Superior mais democrático, pois permitiria que estudantes de qualquer cidade se candidatassem a uma vaga em qualquer universidade federal do país. Contudo, além de faltar apoio financeiro para que os jovens se mudem para outros lugares para estudar, a aplicação de uma prova densa cria uma situação ainda mais elitista. As instituições de Ensino Superior localizadas em regiões menos desenvolvidas do país têm alguns de seus cursos preenchidos por estudantes oriundos de áreas mais ricas, o que distorce o conjunto local de candidatos. Isso pressiona as notas de corte para cima, e as universidades perdem a possibilidade de selecionar estudantes mais adequados aos objetivos profissionais e pedagógicos da instituição.

Mesmo com a recente política de reserva de ao menos 50% das vagas para cotas de estudantes de determinados grupos raciais ou socioeconômicos, o funil parece tornar-se cada vez mais estreito, ampliando ainda mais a desigualdade no acesso ao Ensino Superior. Estudos anteriores já demonstraram que a maioria das vagas nas universidades federais do Brasil continuará a ser ocupada por estudantes provenientes de famílias com maior nível de instrução, que estudaram em boas escolas particulares ou nas poucas escolas públicas de excelência existentes no país. Evidentemente, isso tem correlação direta com o nível socioeconômico da família, o que leva a uma assimetria no processo de seleção e à perpetuação das desigualdades na sociedade brasileira. Esse é outro exemplo dos muitos desafios que o Brasil tem de encarar, em especial na educação, a fim de evoluir na direção de um país mais justo e democrático.

Comentário

O ENEM precisa de mudanças. O exame se transformou em um pesadelo logístico, com imensos riscos e com resultados bastante questionáveis. Nesse texto apresentamos uma visão desses problemas e algumas ideias para solucioná-lo. Por enquanto, o exame segue custando milhões de reais, e com problemas que só tendem a se agravar ao longo dos anos. Com a pandemia essa situação se tornou ainda mais crítica, e portanto, uma reforma no ENEM se torna cada dia mais urgente e necessária.

O ingresso na Unicamp: múltiplas formas e seus resultados

Coautor: José Alves de Freitas Neto

Múltiplos aspectos compõem uma grande universidade: docentes, pesquisadores, funcionários e, sobretudo, estudantes. A seleção de discentes é um complexo sistema que envolve a expectativa dos candidatos que demonstram interesse pela instituição, a estrutura da universidade para absorver as demandas e a capacidade de inovar nos processos de ingresso. Uma universidade reconhecida pela excelência das atividades de ensino, pesquisa, cultura e extensão, como a Unicamp, possui uma grande capacidade de atração de estudantes.

A Unicamp tem uma graduação reconhecida e oferece uma gama de cursos nas áreas de ciências exatas, tecnológicas, biomédicas, humanidades e artes. A qualidade da formação oferecida pela universidade está relacionada historicamente com o ensino e a pesquisa desenvolvidos pela instituição. Deve-se essa qualidade também ao fato de 93% dos professores atuarem em regime de dedicação exclusiva e 99% terem titulação de doutor, ou seja, em geral os docentes que ministram aulas são os mesmos que desenvolvem estudos em laboratórios e grupos de pesquisa, o que permite uma participação direta dos estudantes na produção do conhecimento gerado a partir dessas investigações.

Esses laboratórios e grupos de pesquisas são alguns dos responsáveis por tornarem a Unicamp uma instituição de referência, que abriga atualmente 8% da pesquisa acadêmica brasileira e 12% da pós-graduação nacional, além de liderar o ranking nacional per capita de publicações científicas nas revistas internacionais catalogadas. Se a produção acadêmica for calculada pelo desempenho de cada pesquisador, a Unicamp é, atualmente, a mais produtiva universidade brasileira.

Esse perfil é um dos motivos de o número de inscritos nos processos seletivos da universidade ser crescente. Trata-se de um dado a ser destacado, mas com a ressalva de que ele expressa uma das faces mais dramáticas da sociedade brasileira: a desigualdade no acesso ao Ensino Superior. O Ensino Médio público concentra, aproximadamente, 85% do número de estudantes. Contudo o Ensino Superior público é ocupado, em média, apenas por 50% de estudantes oriundos de escolas públicas, apesar das várias políticas de inclusão implementadas dos últimos anos.

O processo de escolarização é um dos fundamentos para a cidadania e para a democratização dos saberes, das técnicas e das artes. Entretanto, as escolas por vezes perpetuam as desigualdades que deveriam combater: o rendimento escolar não é uniforme e não ocorre com a mesma velocidade entre os estudantes. A heterogeneidade étnico-racial, social e a desigualdade econômica têm uma grande correlação com o desempenho escolar e impactam processos seletivos, como os vestibulares, tornando-se necessárias políticas de ação afirmativas que atenuem a desigualdade de oportunidades.

A estrutura educacional brasileira é extremamente seletiva e excludente. Os sistemas de seleção, via Exame Nacional do Ensino Médio (Enem) ou pelos vestibulares das principais universidades públicas, reproduzem uma lógica de hierarquização e privilégios naturalizados ao longo do processo escolar. Na Unicamp, no vestibular de 2021, 77653 candidatos se inscreveram para disputar 3340 vagas, numa média de 24 candidatos por vaga.

Ao pensar a reformulação do sistema de ingresso em 2017, a Unicamp retomou alguns dos princípios defendidos na criação de seu vestibular, em 1987. Em 15 de outubro de 1985, ao propor a criação de um vestibular próprio para a Unicamp, o professor Rubem Alves afirmou que, sendo "inevitável que haja um processo de seleção daqueles que vão ingressar em nossas universidades, é necessário não nos esquecermos de que há muitas alternativas ainda não exploradas de se fazer isto"[1]. A variedade de critérios de admissão, como as cotas e o vestibular indígena, as vagas para medalhistas de olimpíadas de conhecimento, a reformulação das provas do vestibular em 2020, em consonância com as reformas no Ensino Médio, pode reduzir as desigualdades de acesso e fortalecer a pluralidade de pessoas, saberes, histórias e experiências que estimulem a produção de outros conhecimentos e modos de ler o mundo.

Além do vestibular próprio, a Unicamp experimentou uma nova forma de ingresso em 2011, com a criação do do ProFIS (Programa de Formação Interdisciplinar Superior). Ao romper o monopólio do vestibular no ingresso e com o exitoso processo de seleção do ProFIS, a universidade deu passos mais arrojados na seleção dos estudantes, atendendo também a demandas internas e externas por maior inclusão. Desde 2019, há cinco sistemas de ingresso: o Vestibular Unicamp, o ProFIS, o Vestibular Indígena, os Editais ENEM-Unicamp e o Edital Vagas Olímpicas. A adoção de cotas étnico-raciais para autodeclarados pretos e pardos, a reformulação da bonificação para estudantes de escola pública e a criação do Vestibular Indígena são importantes alterações do ponto de vista da diversidade do perfil de estudantes. A ideia é que a universidade tenha em seu interior a representatividade da população e sua diversidade sociocultural, econômica e de trajetória escolar de estudantes de todos os perfis escolares.

O edital de vagas olímpicas permitiu atrair para a universidade estudantes que tenham participado de olimpíadas, que envolvem milhares de estudantes de todos os níveis e áreas. A Unicamp oferece pouco mais de 100 vagas para medalhistas em mais de 20 competições científicas organizadas por instituições de grande prestígio acadêmico. Parte

1 Comissão Permanente para os Vestibulares da Unicamp (COMVEST). Vestibular Unicamp: 30 anos. Campinas: Editora da Unicamp, 2016. p. 12.

das críticas ao processo de vagas olímpicas era sobre uma possível elitização quanto ao perfil social e econômico dos estudantes. Na primeira edição do processo, 41,7% dos matriculados eram oriundos de escolas públicas e 38,9% se autodeclararam pretos ou pardos. Nesse segmento, entretanto, a presença feminina é sub-representada em relação ao restante da Unicamp: apenas 22% das matriculadas eram mulheres. O perfil se explica pela predominância das olimpíadas na área de exatas e, ao mesmo tempo, pelo grande êxito de olimpíadas de escola pública, como a de Matemática (OBMEP).

O oferecimento de aproximadamente 20% das vagas por um edital próprio com as notas do Exame Nacional do Ensino Médio (Enem) tem um outro perfil e expectativa. O perfil é selecionar estudantes de escola pública e/ou autodeclarados pretos e pardos, independentemente de serem matriculados na rede pública ou privada provenientes do ENEM. A Unicamp busca um outro conjunto de estudantes que não necessariamente se inscrevem no vestibular. Com isso, além da inclusão, buscava-se ampliar a base geográfica dos estudantes, atraindo estudantes de todo o país. Houve um aumento de estudantes de outros estados, entretanto o que mais chamou atenção foi o fato de que 40,4% dos selecionados em 2019 serem da Região Metropolitana de Campinas, indicando que há um perfil de estudantes mais familiarizado com o Enem e que estão próximos dos nossos campi. O perfil de renda do selecionado por essa modalidade indicou que 60% deles vinham de famílias com renda familiar per capita de até cinco salários-mínimos.

O Vestibular da Unicamp ampliou a abrangência territorial dos selecionados também com o aumento no número de cidades em que a prova é aplicada. A dimensão nacional do vestibular foi retomada com a aplicação dos exames em Belo Horizonte (MG), Curitiba (PR), Fortaleza (CE), Salvador (BA), além de Brasília (DF), que já sediava a prova há anos. Adicionando-se os locais de prova do Vestibular Indígena, é possível afirmar que a Unicamp vai a 1/3 das unidades da Federação, tornando-se a universidade com maior capilaridade na realização dos exames e, consequentemente, com ampliação dos matriculados vindos de outros estados: em 2017, foram apenas 4,7% dos matriculados; em

2020, 13,9% do total dos matriculados não eram residentes no Estado de São Paulo.

A criação de um vestibular específico para os indígenas é uma política de ação afirmativa que, para além da inclusão, reconhece que a educação diferenciada desses povos não se coaduna com a proposta de um vestibular único. A existência de escolas específicas, bilíngues, com propostas de diálogos interculturais diferenciados, além da experiência de muitos que não possuem o português como língua materna, são algumas das justificativas para um processo seletivo próprio voltado para os indígenas.

Na Unicamp, o ingresso de indígenas era pequeno. Entre 2007-2017, dependendo da edição do vestibular, foram selecionados entre 7 e 17 candidatos indígenas num universo de mais de 3300 aprovados a cada ano, enquanto os pretos e pardos foram 21,8% dos matriculados em 2017. Com o vestibular próprio e a abertura de vagas específicas para indígenas tivemos, em 2020, 95 matriculados em mais de 35 cursos, ou seja, 2,6% dos ingressantes. O Vestibular Indígena da Unicamp, pioneiro entre as universidades estaduais paulistas, teve 610 inscritos para 72 vagas, em sua primeira edição, e mais de 1500 candidatos para 96 vagas na seleção de 2020, em provas feitas nas cidades de São Gabriel da Cachoeira e Tabatinga (AM), Dourados (MS), Caruaru (PE). Bauru e Campinas (SP). Fazer o vestibular nessas localidades fortalece os vínculos entre a Unicamp e os estudantes de mais de 20 etnias.

Muitos poderiam se perguntar se a adoção de cotas étnico-raciais não seria suficiente para a inclusão dos indígenas. A resposta é não. As realidades educacionais de indígenas e da população negra não são comparáveis. Embora os dois grupos tenham sido tradicionalmente excluídos, a população negra foi submetida à educação regular tradicional. Submeter estudantes com experiências educacionais muito distintas a um processo de seleção padronizado como o vestibular ou o ENEM é perpetuar a exclusão de indígenas.

A adoção das cotas étnico-raciais, aprovada pelo Conselho Universitário em 30/05/2017 expressou o reconhecimento de que a Unicamp deve definir políticas para ampliar a diversidade étnico-racial do seu corpo discente de modo a garantir que os diferentes grupos da sociedade estejam representados entre os estudantes admitidos na instituição, permitindo acesso a uma formação de qualidade a grupos tradicionalmente excluídos. O intuito da Unicamp com as cotas é ampliar a presença da população negra entre seus estudantes e promover a convivência entre grupos diversos quanto às origens étnicas, sociais e culturais. Acreditamos que as cotas são um instrumento para combater o racismo existente na sociedade brasileira e as fortes desigualdades determinadas pela origem étnico-racial, num país marcado pela exclusão e por seu passado escravocrata.

Os princípios das mudanças foram norteados por compromissos sociais e acadêmicos perseguidos pela Unicamp em seus mais de 50 anos. Os resultados de tantas mudanças são visíveis nos campi da Unicamp. Todos os indicadores de inclusão demonstraram crescimento no último triênio. O percentual do total de matriculados que se autodeclararam pretos ou pardos foi de 11,3%, em 2004, para 21,8%, em 2017 (ano anterior às cotas), e 30,9%, em 2020. Os estudantes indígenas representaram 2,6% dos ingressantes em 2020, contra 0,2%, em 2017, quando não havia vestibular específico para esse grupo de estudantes.

A questão socioeconômica pode ser averiguada pelo perfil escolar e pela própria renda familiar. O percentual de matriculados oriundos de escolas públicas no primeiro vestibular da Unicamp, em 1987, foi 28,8%. Em 2004, foi criado o Programa de Ação Afirmativa e Inclusão Social (PAAIS), que consiste numa bonificação para os estudantes que cursaram todo o Ensino Médio em escola pública, e desde então esse número cresceu paulatinamente. Em 2019, os estudantes do Ensino Fundamental II também passaram a ser bonificados, reforçando o caráter social do processo ao contemplar candidatos que fizeram pelo menos a maior parte de seu percurso escolar integralmente na escola pública. No vestibular de 2019, 47,9% dos estudantes tinham cursado todo o Ensino Médio na rede pública. Considerando os que fizeram a maior parte dos estudos na rede pública, esse percentual chega a corresponder à metade das vagas preenchidas.

Na renda familiar, adotando o salário-mínimo como parâmetro, observam-se saltos mais vistosos quanto à inclusão. Em 1987, apenas 8,3% dos estudantes vinham de grupos com renda familiar de até cinco salários-mínimos. Esse número passou para 31,6% em 2003, ano anterior ao PAAIS, e 50,3%, em 2020. Os dados indicam que a combinação de diferentes medidas proporciona maior democratização no acesso à universidade e, consequentemente, maior demanda para recursos orçamentários nos programas de permanência estudantil, tais como moradia, alimentação e bolsas.

Nesse cenário, é preciso sinalizar que todo o processo de ingresso na Unicamp tem uma grande interface com professores e estudantes do Ensino Médio. A prova de redação da Unicamp, por exemplo, trouxe uma inegável mudança no ensino da produção textual no país. A maneira como as demais disciplinas são apresentadas na prova é um compromisso da Unicamp com a sociedade: para além dos selecionados a cada ano, expressamos nossas perspectivas educacionais e queremos estimular outras possibilidades de pensar as ciências, as linguagens, as artes e a cultura. Os professores se inspiram nas nossas questões para desenvolver projetos e oferecer temáticas inovadoras em suas disciplinas.

Assim, a prova deve se manter atual e trazer as grandes questões do mundo contemporâneo e a aplicação das ciências na vida cotidiana, além de estimular a leitura, a crítica, e a reflexão sobre as diversas questões. Fiel a esse princípio e, atentos às mudanças do Ensino Médio e à implantação da Base Nacional Comum Curricular, a prova de segunda fase e as propostas de redação foram alteradas. Todos os candidatos fazem provas gerais de redação, linguagens, matemática, ciências humanas e ciências da natureza e questões aprofundadas nas disciplinas nas áreas das carreiras escolhidas (humanidades e artes; exatas, engenharias e tecnológicas; biológicas e saúde).

A escola é essencial no imaginário social e é praticamente impensável uma vida sem ela. Contudo, se no passado, a pauta escolar era o acúmulo de saberes legitimados pelo currículo, na atualidade, ela aponta, através de diversos caminhos, para a junção da convivência e da aprendizagem com a multiplicidade de sujeitos, vidas e saberes.

Selecionar estudantes é uma tarefa complexa e a Unicamp sempre ousou e procura manter-se à altura dos desafios da atualidade, seja nas políticas de acesso, seja na reflexão e procedimentos acadêmicos ao conceber uma prova. Um processo de seleção, seguramente, contempla sempre algo além de múltiplas escolhas.

Comentário

Fizemos avanços significativos nas formas de ingresso da Unicamp, cujo impacto poderá ser sentido e mensurado em um breve futuro. Resultados preliminares indicam que os estudantes que ingressam pelos processos de ação afirmativa têm desempenho totalmente comparável aos candidatos que ingressam pelo processo de vestibular tradicional, contrapondo os principais críticos que afirmavam que as ações afirmativas iriam influenciar na qualidade de nossos cursos e estudantes. Os benefícios de se ampliar as possibilidades de forma de ingresso são inúmeros, e acredito que poderíamos avançar ainda mais diversificando e ampliando as formas de acesso, para garantir um corpo discente plural, comprometido com a universidade. Eu acredito que as formas de ingresso na universidade devem ser diversificadas, e que, portanto, devemos "desconstruir" o vestibular e os grandes exames de seleção, como o ENEM (ver artigo na página 105). Penso que a Unicamp está seguindo esse caminho.

Início das aulas

Esta foi a minha primeira mensagem de boas-vindas aos calouros da Unicamp, turma 2018. É uma alegria poder conviver com gente jovem, cheia de sonhos e com vontade de mudar o mundo. Como pode ser observado, tenho batido na mesma tecla de reconhecimento da universidade pública por parte da sociedade faz tempo, buscando mostrar com transparência as nossas forças e nossos desafios.

"Neste período do ano, milhões de estudantes iniciam as aulas. Para aqueles que estão começando uma nova etapa na vida é um momento muito significativo, de incertezas e apreensão sobre o novo local, os novos amigos, os novos professores, o futuro renovado. Por isso mesmo, é um momento tão especial.

Esta é a primeira vez, desde que assumi a Reitoria da Unicamp, que tenho a oportunidade de dar as boas-vindas aos novos estudantes da universidade. Sinto-me especialmente honrado em fazê-lo – não só pelo ineditismo do fato, mas também por já ter estado no lugar em que vocês hoje estão. Eu também já fui calouro da Unicamp. Foi em 1986, quando ingressei no curso de Bacharelado em Física. Embora a universidade e sua comunidade acadêmica não me fossem totalmente estranhas – meu pai era professor da Faculdade de Ciências Médicas –, não pude deixar de sentir aquele misto de entusiasmo e nervosismo tão comum aos jovens que estão prestes a iniciar seus estudos de graduação em uma instituição de grande porte e renome internacional.

Na Unicamp, preparamos o guia do ingressante, concebido justamente para diminuir a incerteza com relação a como é o dia a dia de um estudante da universidade. Nesse guia apresentamos o significado das muitas siglas que, aos poucos, serão incorporadas ao vocabulário diário, bem como informações detalhadas sobre o funcionamento dos sistemas de restaurantes e de bibliotecas da universidade, os vários tipos de auxílios disponíveis aos estudantes, as opções de moradia no entorno dos *campi* de Campinas, Limeira e Piracicaba, entre outros tópicos relevantes. O guia explica, ainda, o que é o Trote da Cidadania, uma iniciativa organizada por estudantes dos diversos cursos de graduação da Unicamp para promover a integração entre ingressantes e veteranos por meio de atividades focadas em temas como sustentabilidade e consumo consciente.

A Reitoria da Unicamp apoia e incentiva a realização do Trote da Cidadania com a mesma veemência que condena e combate o trote violento. A universidade dispõe de canais específicos e sigilosos para receber denúncias contra práticas desrespeitosas e abusivas. Esses canais devem ser usados por vítimas ou testemunhas de quaisquer práticas dessa natureza. A entrada na vida universitária deve ficar marcada em nossas memórias pelos momentos de alegria e descontração, pelas novas amizades e pelas muitas descobertas, e nunca por situações física ou moralmente constrangedoras.

A chegada de novos estudantes na Unicamp se dá em um momento muito peculiar da história da universidade. O ano de 2017 foi o quarto ano seguido em que as despesas da Unicamp superaram a soma de todos os recursos recebidos do governo do Estado. Felizmente, os sucessivos déficits orçamentários dos últimos anos não tiveram nenhum impacto sobre o funcionamento da Unicamp. A Reitoria vem trabalhando de forma árdua e intensa para reequilibrar as contas da universidade. Sabemos que essa não é uma tarefa simples e esperamos sinceramente poder contar com o apoio e a compreensão de toda a sociedade. As medidas de cunho econômico que vêm sendo tomadas pela atual administração têm um único objetivo: o de permitir que nossa universidade continue a educar e formar com a mesma excelência de sempre jovens brilhantes, críticos e inovadores."

Comentário

A chegada numa universidade como a Unicamp é um dos momentos de maior alegria que uma pessoa pode ter, pois ingressar é muito difícil e marca uma nova etapa no desenvolvimento pessoal. Entretanto, é muito comum observar que os estudantes não têm a dimensão de o que significa uma universidade pública, quem a financia, e como ela serve à sociedade. Considero que nesse momento é importante mostrar aos ingressantes todas as possibilidades que eles têm pela frente, mas também destacar o compromisso que têm com a sociedade como um todo, que afinal de contas é quem os financia. De algum modo é importante engajar esses estudantes para a necessária frente de apoio à educação superior pública, e mostrar que eles são parte de uma comunidade fundamental para o futuro do país.

Programas de mobilidade de estudantes falham ao monitorar os seus impactos e benefícios

Há milhões de estudantes que, por diversos motivos, escolhem estudar em outros países. Essa mobilidade estudantil representa um aspecto fundamental da internacionalização da Educação Superior, e em anos recentes diversos países (incluíndo o Brasil) lançaram programas nacionais de bolsas para estudar no exterior. No entanto, é curioso verificar que um estudo sobre programas de mobilidade internacional desenvolvido em onze países, encomendado pelo British Council (Reino Unido) e o DAAD (Alemanha), indica que não são monitorados adequadamente os resultados das pesquisas realizadas por estudantes contemplados com bolsas oferecidas por instituições de ensino superior. Intitulado *The rationale for sponsoring students to undertake international study: an assessment of national student mobility scholarship programmes*[1], o estudo foi conduzido pela equipe do professor Philip Altbach, vinculado ao Boston College (EUA), e pelo Grupo GO, contando com o apoio de

1 Disponível em: http://www.britishcouncil.org/sites/britishcouncil.uk2/files/outward_mobility.pdf, acesso em: 10 jun. 2020.

especialistas dos onze países analisados: Brasil[2], China, Egito, Índia, Indonésia, Cazaquistão, México, Paquistão, Rússia, Arábia Saudita e Vietnã. O estudo examina as motivações que estão por trás dos programas de mobilidade de grande escala organizados pelos diferentes países; o tamanho dos programas; como eles são financiados e administrados; como os estudantes são selecionados e como os programas são avaliados. A ideia principal é ajudar a informar os formuladores de políticas públicas e líderes de educação superior para melhorar os programas de bolsa e outras iniciativas que encorajem a mobilidade estudantil qualificada.

O estudo aponta que muitos países reconhecem a importância do intercâmbio internacional para fortalecer os sistemas educacionais e de ciência e tecnologia; por isso tais países teriam lançado programas (de maior ou menor magnitude) de mobilidade. Estima-se que existam, aproximadamente, 180 programas de mobilidade estudantil internacional (mais da metade dos países existentes) que enviam centenas de milhares de estudantes para outros países com custos da ordem de 80 mil reais por ano por estudante. Em geral, a maioria desses países busca proteger esse investimento ao exigir que os estudantes retornem ao país de origem e nele permaneça por um determinado período de tempo. Entretanto, há pouquíssimos exemplos de países que monitorem e avaliem rotineiramente o impacto e a efetividade de seus programas de bolsas no exterior. Não há dados concretos sobre o desempenho dos estudantes durante a formação no exterior, sobre uma eventual mudança de desempenho após o retorno, sobre a percepção de professores acerca dos possíveis benefícios (acadêmicos, motivacionais, de mudança de perspectivas) nem do impacto sobre as oportunidades de trabalho.

Além disso, outro achado interessante é que a maioria desses projetos não tem nenhum tipo de programa pós-estágio, o que permitiria um retorno fundamental para melhorar o próprio programa e facilitaria um engajamento efetivo dos estudantes que retornam ao país

2 No Brasil, esse estudo foi realizado pelo professor Leandro R. Tessler, da Unicamp, e indica com clareza que a situação no Brasil é bastante ruim no que se refere à avaliação de programas de mobilidade – como já suspeitávamos, infelizmente. Tomei conhecimento desse estudo na Conferência Going Global de 2014, realizada em Miami (EUA).

de origem. Fora isso, em quase todos os casos estudados, não há um tipo de programa ou auxílio de readaptação dos estudantes tanto nas universidades de origem quanto no mercado de trabalho. O estudo sugere que os programas teriam um impacto maximizado se tivessem objetivos mais claros, aproveitando ao máximo a experiência dos estudantes que retornam. O relatório mostra ainda que a maioria dos países responsáveis pelos esquemas de bolsas não realiza estudos que possam indicar benefícios tangíveis dessa mobilidade. Os levantamentos, em geral, se limitam a dados relativos ao número de bolsas e à abrangência do alcance da referida mobilidade.

É fundamental, portanto, que mais estudos comparativos sejam realizados para que os países possam aproveitar boas práticas de outros, bem como possam aprender com os erros e acertos dos demais, além de prestar contas à sociedade. Um passo importante a ser dado, enfim, é elaborar indicadores relacionados com os objetivos específicos de cada programa para analisar mais consistentemente o impacto dessas iniciativas nas políticas públicas.

Comentário

Discutir mobilidade estudantil em tempos de pandemia parece ser absolutamente inútil. Entretanto, não sabemos hoje o futuro, e de que maneira esses intercâmbios e colaborações ocorrerão. Mesmo no caso de mobilidade virtual, as mesmas conclusões se aplicam, pois é fundamental avaliar os programas, mensurar os seus impactos. No Brasil passamos por uma verdadeira montanha russa nos últimos 15 anos, passando de um ator irrelevante a um dos principais países em mobilidade estudantil em poucos anos, com o advento do programa Ciência sem Fronteiras, no governo Dilma Rousseff. Assim como começou, o programa rapidamente foi descontinuado, e hoje praticamente voltamos à estaca zero, seja pela falta de recursos ou pela pandemia. Eu sempre fui crítico à forma como o programa foi pensado e implementado, e infelizmente também perdemos a oportunidade de realizar uma avaliação dos seus impactos.

Reencontrando ex-alunos

De modo geral, as instituições de ensino brasileiras não têm se preocupado com o destino dos ex-alunos. Tanto na graduação quanto na pós-graduação, as universidades deixam de ter contato com as pessoas que formam, perdendo assim um importante elo na retroalimentação de seus cursos e das perspectivas que o conhecimento oferecido pode alcançar. Por outro lado, os egressos tendem a se sentir "abandonados" pelas instituições nas quais passaram anos muito importantes da vida, além de nutrirem, geralmente, uma certa nostalgia. É comum que ex-alunos tenham interesse na promoção de ações que possibilitem que eles voltem de algum modo ao local de estudos, seja através de cursos ou encontros, ou simplesmente do contato com antigos colegas. De um ponto de vista mais global, um cadastro detalhado de ex-alunos pode fornecer informações relevantes sobre profissões, mercado de trabalho, empresas que empregam profissionais formados em uma dada área e/ou região, dispersão geográfica dos egressos, emigração, entre outros.

Hoje em dia, há uma forte pressão para a localização de ex-alunos e o estudo estatístico de diversas dimensões da formação universitária. Tanto as agências de fomento nacionais quanto os sistemas de *rankings* internacionais valorizam essa base de dados que, de fato, é fundamental para compreender de uma maneira mais completa a importância e o alcance das próprias universidades. No exterior, o esforço é também usado para solicitar apoio financeiro às universidades, principalmente onde a filantropia é mais desenvolvida. As doações de ex-alunos são importantíssimas para o próprio desenvolvimento das universidades. Nos EUA, por exemplo, as doações de ex-alunos atingiram a cifra de aproximadamente 11 bilhões de dólares no ano de 2019[1].

O principal problema de iniciar um cadastro tardio é tentar reencontrar os ex-alunos para que eles atualizem as informações pessoais. Esse problema é diminuído com os formulários *on-line* para preenchimento e manutenção do cadastro. Além disso, diversas plataformas de redes sociais podem ajudar no processo. Mas não basta somente cadastrar os ex-alunos, é importante também manter a rede ativa para facilitar a busca de emprego pelos mais jovens, colocar em contato diferentes gerações de estudantes, bem como ter um retorno da formação que os cursos estão oferecendo.

De fato, o contato com ex-alunos e o seu engajamento no dia a dia da instituição é vital para a sua sobrevivência. Os ex-alunos podem ser uma verdadeira fonte de inspiração para os alunos atuais, e muitas oportunidades podem surgir dessas interações. Em momentos como o que estamos vivendo na pandemia, esse contato pode ser fundamental para as instituições, que podem pedir ajuda para a sua manutenção, conclamando as pessoas tanto para doações, quanto para defender a universidade contra os ataques que vem sofrendo. É sempre importante lembrar que ainda há relativamente poucas pessoas no país que têm ou tiveram acesso ao ensino superior, e as redes de suporte que os ex-alunos representam certamente devem ser mais bem aproveitadas pelas instituições brasileiras.

---

1 Cf. https://www.usnews.com/education/best-colleges/the-short-list-college/articles/universities-where-the-most-alumni-donate.

Comentário

Recentemente inauguramos na Unicamp a plataforma de ex-alunos (disponível em: *http://alumni.unicamp.br/*), que oferece aos ex-alunos acesso ao acervo digital da universidade, balcão de oportunidades profissionais, grupos para encontrar colegas, sistema de mentoria para alunos atuais e possibilidade de compartilhar fotos e documentos da época de estudante. A experiência tem sido muito positiva, e o engajamento e as oportunidades que essa rede oferece estão ainda em uma fase muito inicial, mas já mostra resultados concretos na aproximação e engajamento das pessoas. Essa é uma prática que deve ser cada vez mais estimulada por universidades brasileiras, pois é fundamental compreender o impacto e o alcance da educação oferecida pelas instituições de educação superior.

A escassez de professores universitários no Brasil

Há muitos desafios no cenário do Ensino Superior brasileiro, como o acesso às universidades, o êxito e a qualidade dos diversos programas oferecidos no país, mas é importante destacar outros desafios que às vezes podem passar praticamente despercebidos. A escassez de professores é um deles, principalmente em algumas áreas do conhecimento. O ciclo de expansão com crescimento econômico que ocorreu no Brasil há alguns anos, por exemplo, enfrentou diversos obstáculos, incluindo uma evidente falta de infraestrutura básica, levando inclusive a riscos de apagões de energia, falta de combustível, e a falta de profissionais qualificados. A situação tornou-se particularmente complicada em áreas de extrema competitividade, como as engenharias e as tecnologias de informação. Esse fenômeno atingiu não só o mercado privado, que teve de sair desesperadamente em busca de profissionais, mas afetou (e continua afetando) também a composição do corpo docente das universidades de pesquisa brasileiras.

Infelizmente, após um período de crescimento econômico, o país entrou em uma grave crise econômica, que também afetou diretamente o mercado de trabalho, e naturalmente também as universidades. Além da diminuição significativa dos orçamentos e recursos, as universidades têm que enfrentar a atratividade de posições acadêmicas em outros países daqueles que querem ficar na academia, a chamada "fuga de cérebros".

Fora isso, há outros fatores que influenciam esse cenário de escassez de professores universitários. Dependendo da profissão, como no caso das engenharias, medicina e áreas de computação, o mercado tende a pagar mais do que as universidades, em especial quando se trata de salários iniciais para jovens profissionais. Isso faz com que recém-formados acabem optando por ingressar no mercado de trabalho tão logo terminam a graduação ou quando ainda estão estudando; assim, logo se distanciam da possibilidade de dar continuidade a estudos voltados à docência e pesquisa. Além disso, nas universidades públicas é praticamente obrigatório que candidatos a cargos docentes possuam, no mínimo, diploma de doutorado, um título que exige vários anos de estudo e de pesquisa, durante o qual se recebe – às vezes – uma bolsa de estudos com valor não muito elevado, e que está atualmente bastante defasado. Vale ressaltar que há também um número limitado de potenciais estudantes de pós-graduação nas áreas mais carentes de profissionais qualificados, o que cria um círculo vicioso do qual é difícil sair.

As regras do setor universitário também desempenham papel importante nessa questão. Os salários são, basicamente, fixos e iguais nas universidades públicas federais e estaduais, e não é possível oferecer incentivos ou salários diferenciados para pessoas ou áreas especificas. No caso das universidades particulares, os salários são guiados pelo mercado, porém empregam-se várias estratégias para reduzir custos, tais como o uso extensivo do pagamento por hora trabalhada, sem contar com a contratação de professores menos qualificados (embora os processos de acreditação e avaliação tentem empurrá-las para a direção oposta).

Embora existam obstáculos à internacionalização do ensino superior no Brasil, a falta de professores locais poderia alavancar políticas direcionadas a uma participação efetiva de estrangeiros nos corpos docentes das universidades brasileiras. Poucas universidades no Brasil estão respondendo à escassez de professores em áreas específicas como uma ocasião para atrair profissionais estrangeiros, seja de outros países da América Latina, seja de países da Europa, como Portugal e Espanha. A internacionalização do professorado – que já se provou benéfica em outros países – certamente adicionaria uma dimensão importante ao ensino superior no Brasil no século XXI.

Infelizmente não há dados concretos sobre essa situação, mas ela é uma realidade que tem se agravado ano após ano nas universidades brasileiras, e que poderá ter consequências bem sérias. No momento que edito estas linhas (2020) a situação ainda é mais crítica, pois o país passa por uma séria crise sanitária, econômica e política, e jovens talentos estão bastante desestimulados para apostar em uma carreira no Brasil. Além dos salários relativamente baixos do início de carreira, há uma diminuição significativa de recursos para apoio às pesquisas, e é difícil enxergar uma luz no fim do túnel com relação ao futuro do país. Manter a atratividade das carreiras docentes nas universidades brasileiras é absolutamente fundamental para manter e ampliar a sua qualidade, para que possamos seguir sonhando com algum futuro.

Comentário

Este texto foi adaptado de um artigo publicado originalmente, em inglês, com o título "Brazil's Shortage of Professors", no blog The World View, ligado ao Center International Higher Education, em 1º jun. 2014 (disponível em: https://www.insidehighered.com/blogs/world-view/brazils-shortage-professors, acesso em: 11 ago. 2020). Durante muitos anos, com a forte expansão da Educação Superior no Brasil, este assunto pareceria ficção científica. Entretanto, o sistema deixou de expandir tão fortemente nos últimos anos e o único setor que segue crescendo, em um ritmo menor, é o setor privado, principalmente em Ensino à Distância. Com a difícil situação salarial, as incertezas políticas e econômicas, jovens talentos brasileiros têm escolhido o caminho de buscar emprego no exterior. A fuga de cérebros é uma realidade presente que precisamos enfrentar, se quisermos manter a qualidade da educação superior no país.

Será que os professores ensinarão de forma diferente daqui a dez anos?[1]

Infelizmente, meu palpite é de que a resposta para essa pergunta seja um rotundo "não".

Apesar das contínuas alegações sobre uma revolução nas estratégias de ensino presencial, do advento dos cursos abertos *on-line* e da expansão no uso de dispositivos tecnológicos (telefones celulares, computadores, *tablets* etc.), prevalecia na época (em 2015) a tradicional aula expositiva na maioria das instituições de ensino superior ao redor do mundo. A situação se manteve por muitos anos, visto que, para alterá-la, seria necessária uma mudança de paradigma para centenas de milhares de professores e também na tradição e na cultura das instituições de ensino superior – sem contar em todos os aspectos do funcionamento institucional (auxílios para pesquisa, processos de contratação e promoção, entre outros).

1 Baseado em um artigo originalmente publicado em 2015 em inglês, com o título, "*Will Professors Teach Differently in 10 Years?*", no blog The World View, ligado ao Center International Higher Education, em 24 fev. 2015 (disponível em: https://www.insidehighered.com/blogs/world-view/will-professors-teach-differently-10-years, acesso em: 11 ago. 2020).

Então veio a pandemia da Covid-19 em 2020... E isso ficou ainda mais claro. Em diferentes setores da educação, a necessidade de criar um ensino remoto emergencial trouxe à tona um total despreparo da grande maioria dos profissionais da educação em lidar com determinadas estratégias e mudanças drásticas. Utilizar plataformas digitais, como Google Meet, Zoom e Teams, foi o de menos – após o susto inicial dos docentes menos habituados a usar *gadgets*. Estabelecer uma real didática não presencial é um tema muito mais complexo, que ainda precisa ser mais bem desenvolvido.

O choque de realidade, porém, deve impulsionar novas formas de ensino-aprendizagem, com diferentes linguagens mediadas pela tecnologia. O uso de ferramentas de imersão de realidade virtual ou realidade aumentada, por exemplo, pode ser facilitado e/ou ampliado na abordagem de diversos assuntos, permitindo ao estudante não se deter apenas a uma foto ou a um texto, mas de certa forma "vivenciar" aquilo, como uma floresta boreal, um determinado período histórico etc. Isso sem contar as possibilidades de interação com professores e estudantes de diversas regiões e países em tempo real. Junto a isso, a inteligência de dados pode mostrar a partir de exercícios, quais são as deficiências da turma; interpretar essas informações se torna um novo desafio e, ao menos tempo, uma nova ferramenta na mão dos professores. Esse mundo de possibilidades abre uma estrada de otimismo e outra de preocupação em igual medida. Nesse último caso, a possibilidade de aprofundar o fosso entre os países ou os grupos privilegiados que terão acesso a essas ferramentas dos demais.

Causa particular preocupação o impacto dessa inércia sobre as chamadas áreas de STEM (acrônimo em inglês para Ciência, Tecnologia, Engenharia e Matemática), consideradas fundamentais para o desenvolvimento sustentável de qualquer país. Há extensos dados que demonstram a preocupante falta de interesse por cursos de graduação nessas áreas; além disso, apenas uma pequena parcela dos alunos matriculados em tais cursos conclui os estudos.

É muito comum observar altas taxas de reprovação em cursos de Matemática, Física e Química, sendo que é recorrente (e, de certa maneira, fácil) atribuir esse fraco desempenho à instrução recebida anteriormente nos níveis básicos de ensino. A deficiência na formação prévia é, de fato, uma realidade que levou à criação de cursos de nivelamento em muitas universidades. Contudo, uma parte substancial da responsabilidade deve ser direcionada também aos professores, que normalmente não adaptam as estratégias de ensino às necessidades dos alunos e tendem a ignorar dados científicos que comprovam a ocorrência de uma clara melhora no desempenho estudantil quando novos métodos são empregados em sala de aula.

Uma meta-análise de 225 pesquisas diferentes mostrou que a taxa média de reprovação caiu de 34%, com o ensino tradicional, para 22%, com o chamado "aprendizado ativo"; o desempenho dos alunos em provas similares melhorou aproximadamente 6% em sessões de aprendizado ativo[2]. O vencedor do Prêmio Nobel Carl E. Wieman comentou que "essa meta-análise representa um argumento poderoso de que qualquer faculdade ou universidade que fundamente seus cursos STEM em aulas tradicionais está fornecendo uma formação inferior aos seus alunos"[3]. Wieman, comparando esse fenômeno à descoberta dos antibióticos, também argumenta que "no ensino de graduação STEM há a curiosa situação de que, embora métodos mais eficazes de ensino tenham sido fortemente demonstrados, a maioria dos cursos STEM ainda se baseia em aulas expositivas – o que seria o equivalente pedagógico das sangrias". Por que isso ocorre e por que é tão difícil mudar?

Professores universitários, como quaisquer outros profissionais, são motivados por um conjunto de incentivos que inclui desde realizações pessoais (reconhecimento, diferentes níveis de influência etc.) até objetivos mais "edificantes" (entender a natureza e o universo, solucionar um problema social ou de saúde, fornecer um ensino de boa qualidade etc.). Há muitos parâmetros que são – ou deveriam ser

---

2 FREEMAN, S. *et al.* Active learning increases student performance in science, engineering, and mathematics. *PNAS*. v. 111, n. 23, p. 8410-8415, 2014. Disponível em: https://www.pnas.org/content/111/23/8410, acesso em: 11 ago. 2020.

3 WIEMAN, C. E. Large-scale comparison of science teaching methods sends clear message. *PNAS*. v. 111, n. 23, p. 8319-8320. Disponível em: https://www.pnas.org/content/111/23/8319, acesso em: 11 ago. 2020.

– considerados no desenvolvimento profissional de um professor, os quais podem ser grosseiramente separados em termos de pesquisa, ensino e serviços à comunidade. De modo geral, a pesquisa tem, sem dúvida, mais peso na avalição e nas recompensas de um professor do que as demais atividades. Além de ser mais fácil de avaliar (número de artigos, fator de impacto etc.), ela é usualmente o aspecto mais visível do suposto desempenho acadêmico.

Gasta-se muito tempo e esforço para preparar uma boa aula voltada a um curso de graduação, especialmente quando é preciso desenvolver novas estratégias de ensino ao planejar uma sessão ativa. É mais prático e mais rápido recorrer a anotações amareladas de exposições anteriores ou a uma apresentação de *slides* que consumiu longo tempo de preparo alguns anos atrás. Há, porém, muitos professores que não reconhecem a necessidade de mudanças em sala de aula. Eles simplesmente continuam a ensinar da forma como aprenderam, sem necessidade ou justificativa para alterar a abordagem utilizada. Tal postura, até 2019, era considerada um atraso bastante indesejável. A partir de 2020, se tornou uma prática insustentável.

Para mudar esse quadro, é fundamental que as universidades revejam as estratégias do ensinar e as adequem conforme as necessidades que cada área exige. As universidades, contudo, não devem tão somente promover inovações nas metodologias de ensino e/ou recompensar os professores, mas também oferecer cursos de desenvolvimento a eles a fim de cultivar e apoiar novas abordagens educacionais. Quem ensina tem, mais do que nunca, muito que aprender nesses novos tempos – eis um dos aspectos mais fascinantes do novo horizonte que se abriu de forma abrupta para a educação. Esse é um desafio crítico para a próxima década. Que comece a revolução!

Comentário

Apesar dos avanços nas tecnologias educacionais, é extremamente difícil mudar uma cultura tão enraizada como as aulas tradicionais. Parece incrível que o ensino ainda se dê, majoritariamente, com o uso de lousas ou, em uma versão mais moderna, com o uso de computador. Posso ser pessimista, mas precisaremos de mais de uma geração para mudar isso. A não ser que a pressão dos estudantes, já acostumados a assistir vídeos curtos na internet, faça com que essa mudança ocorra mais rapidamente.

Quanto custa, e quanto vale, um professor titular?[1]

Vou tratar de uma questão um tanto delicada que, em minha opinião, coloca em risco o imenso esforço feito nos últimos 50-60 anos para a construção de um sistema universitário público de excelência. O assunto é complexo porque está relacionado a salários. Em um país com enormes desigualdades, pode ser arriscado discutir os vencimentos de professores universitários com mais de 30 anos de serviço público. No entanto, tentarei expor a situação e explicar o problema atual que já deu origem a muito debate e controvérsia.

Em um livro de 2012, Philip G. Altbach e colegas apresentam uma comparação criteriosa da remuneração de docentes universitários em diferentes países[2]. Independentemente da pesquisa em questão,

---

1 Adaptado de um artigo publicado no Jornal da Unicamp em 2015 (ver https://www.unicamp. br/unicamp/ju/632/quanto-custa-um-professor-titular), que por sua vez foi baseado em um texto publicado originalmente, em inglês, com o título "*Danger Ahead for the State Universities in São Paulo State*", no blog The World View, ligado ao Center International Higher Education, em 7 dez. 2014 (disponível em: https://www.insidehighered.com/blogs/world-view/danger-ahead-state-universities-são-paulo-state, acesso em: 7 ago. 2020).

2 P. Altbach et al., eds., Paying the Professoriate: A Global Comparison of Compensation and Contracts, / Remuneração de Docentes: uma Comparação Global de salários e Contratos, Routledge, 2012.

uma das principais conclusões do relatório foi que este tipo de informação é incrivelmente difícil de ser encontrada e sua análise é mais complexa ainda, devido a diferentes descontos e benefícios, concedidos por cada universidade, região ou país. Além disso, na maioria dos países desenvolvidos as trajetórias individuais das carreiras docentes são refletidas em salários diferenciados. Muitos países têm lutado no sentido de desenvolver um sistema de ensino superior sólido, e a atração de jovens motivados e talentosos é fundamental para o desenvolvimento futuro de uma cultura de excelência — necessária para apoiar a educação das futuras gerações. Contudo, no Brasil e em muitos países da América Latina há uma forte tendência contra a remuneração baseada em mérito acadêmico, particularmente nas universidades públicas onde é realizada uma parte considerável da pesquisa acadêmica. Neste artigo cito um exemplo de uma política pública do Estado de São Paulo que certamente afetará a atração de jovens talentos para suas universidades, colocando em risco o esforço da construção de um sistema de ensino superior de alta qualidade já em evolução há mais de 60 anos.

Em princípio, dados sobre salários e remunerações deveriam ser de fácil rastreamento no Brasil, onde um código de relativa isonomia tem regido os salários no sistema de ensino superior. Apesar de diferenças na produtividade, ensino, impacto e sucesso na atração de recursos financeiros adicionais, a situação estabelecida indica que membros docentes no mesmo nível de suas carreiras devem receber o mesmo estipêndio mensal. Na prática, a situação é bem mais complexa, não apenas pelos aumentos de salários por tempo de instituição, mas também quando são adicionadas (e eventualmente incorporadas) remunerações por atribuições administrativas. Além disso, alguns membros docentes recebem renda adicional de bolsas, ou trabalho de consultoria.

Para tornar as coisas mais complicadas, os salários variam enormemente pelo tipo de instituição — privadas com fins lucrativos, instituições federais públicas, privadas sem fins lucrativos, pública estadual, ou pública municipal. O sistema municipal é muito pequeno e o federal, muito centralizado. A remuneração de professores e funcionários é exatamente a mesma para níveis equivalentes dentro das duas carreiras. Contudo, os diferentes caminhos tomados individualmente pelos servidores públicos podem levar, com o tempo, a diferentes salários, dependendo das tarefas administrativas de cada um, do número de anos passados em cada nível da carreira, da participação em projetos externos etc. Há um valor máximo para a remuneração – o chamado "teto". Esse valor corresponde aos vencimentos dos ministros do Supremo Tribunal Federal (STF), que são hoje de R$ 33 763,00[3].

Os estados podem, desde 2003, escolher entre equiparar o teto de seus servidores públicos a 90,25% dos vencimentos dos ministros do STF ou ao subsídio dos governadores. Atualmente, 21 dos 27 estados brasileiros adotam a remuneração dos membros da Suprema Corte como base para o cálculo do teto do funcionalismo. Os demais – entre eles, o Estado de São Paulo – fazem a correspondência com o subsídio do governador. Como era de esperar, o valor do teto pode, neste último caso, ser politicamente ajustado para evitar o aumento do gasto estadual. A vinculação também abre as portas para políticas populistas, uma vez que os muitos benefícios não monetários recebidos pelo governador (moradia, refeições, motorista etc.) fazem com que ele de fato não dependa do subsídio para viver.

No Estado de São Paulo, o subsídio do governador é R$ 23 048,59, desde 2019 (em 2015, era R$ 21 631,05). Desse valor bruto, são deduzidos perto de 38% em impostos e contribuições obrigatórias. O valor líquido a que se chega, pouco mais de 14 mil reais, era a remuneração máxima permitida a professores titulares e funcionários seniores com mais de 20-30 anos de dedicação às universidades estaduais, até janeiro de 2020.[4]

Evidentemente, essa discussão pode ser considerada politicamente incorreta em um país onde o salário-mínimo é de R$ 1 100,00 e o rendimento médio da população ocupada é de pouco mais de R$ 2 mil por mês. Considera-se que um salário bruto de mais de R$ 20 mil esteja

---

3 Em 2019, os ministros do STF tiveram um aumento de 16%, passando de R$ 33 763,00 para R$ 39 293,00

4 Nesse mês, o então presidente do STF, José Antonio Dias Toffoli, propôs por liminar a equiparação do teto de ganhos desses docentes aos das instituições federais, sob entendimento de que todas formam um sistema nacional de ensino superior. Na USP, na Unicamp e na Unesp cerca de 4 000 profissionais foram afetados pela mudança.

no quintil mais alto da classificação socioeconômica. Por outro lado, estamos falando do difícil e importante desenvolvimento de universidades de excelência em um país emergente. A atual paridade entre as universidades e o limite para os salários dificultam a atração dos jovens talentos necessários para o desenvolvimento de um sistema universitário de formação ainda um tanto recente.

A esperada bomba-relógio foi adiada em dez anos em razão de uma questão legal relacionada à interpretação da lei de 2003. Contudo, em 2014 o STF finalmente decidiu que todos os salários (incluindo incentivos extras anteriores a 2003) deveriam ser restringidos ao limite que cada estado definisse para si. Conforme o esperado, a redução dos vencimentos tem levado professores e funcionários a aposentar-se mais cedo. Outra consequência da aplicação do "teto" é a falta de estímulo para que professores com mais tempo de carreira assumam cargos administrativos (chefia de departamento, coordenação de graduação etc.), uma vez que não poderão receber as gratificações financeiras associadas a essas posições.

Finalmente, é importante levar em conta a atração de talentos, fundamental para a qualidade das atividades de ensino, pesquisa e extensão que as universidades realizarão no futuro, bem como para que estas se mantenham em dia com o que ocorre no mundo globalizado. Como as universidades estaduais de São Paulo podem manter-se em sua bem-sucedida trajetória de desenvolvimento se elas não são capazes de atrair os melhores talentos? Limitar os vencimentos no topo da carreira profissional a um valor relativamente baixo (em comparação com o mercado e com o cenário global do ensino superior) por razões políticas certamente prejudicará um sistema universitário construído graças a um esforço conjunto, que é considerado um dos melhores da América Latina e desempenha papel fundamental no desenvolvimento do Brasil.

Quanto vale um membro docente de nível sênior? O que faz um jovem talento escolher uma carreira acadêmica? No Brasil, assim como em outros países, parte da resposta da escolha pessoal é a aparente liberdade acadêmica oferecida pelas carreiras do ensino superior.

Contudo, pelo menos no Brasil, isso veio com outros benefícios, incluindo aposentadoria com salário integral (não mais vigente) e estabilidade no emprego (até quando?). Embora a estabilidade ainda permaneça, os salários no topo da ascensão profissional não são mais competitivos com empresas no setor privado (comércio, serviços, etc.). Além disso, se compararmos o salário máximo atingido após muitos anos de dedicação a uma universidade com seus equivalentes internacionais, as diferenças são demasiadamente grandes. Em um mercado global competitivo, isso tem uma importância tremenda.

Comentário

Limitar vencimentos no topo da carreira profissional por razões políticas certamente prejudica um sistema universitário que é considerado um dos melhores da América Latina e desempenha papel fundamental no desenvolvimento do Brasil. Venho discutindo este assunto desde 2014, quando o subsidio do governador do Estado de São Paulo começou a ser "congelado".

Durante esse período esse assunto do subteto de salários no Estado de São Paulo teve diversos desdobramentos. Em junho de 2018, houve a aprovação da PEC 5 na assembleia legislativa do Estado de São Paulo, que considerava como teto único do estado a remuneração dos desembargadores do Tribunal de Justiça de São Paulo (TJSP) e não mais o subsídio do governador (ver artigo na página 145). Entretanto, em outubro de 2018 o TJSP declarou a inconstitucionalidade dessa emenda. Esse assunto ficou inalterado até a decisão (em caráter liminar) proferida pelo Supremo Tribunal Federal, igualando o teto dos docentes das universidades públicas estaduais ao teto dos docentes das federais. Como a decisão foi em caráter liminar, esse assunto ainda precisará ser julgado pelo STF, e, portanto, ainda não foi completamente resolvido.

O novo teto do funcionalismo paulista e as universidades[1]

Coautor: Wagner Romão

Causou celeuma a aprovação da Proposta de Emenda Constitucional (PEC) 5, de 2016, pela Assembleia Legislativa de São Paulo. A PEC fixa o subsídio mensal dos desembargadores do Tribunal de Justiça como teto dos vencimentos do funcionalismo público paulista.

Os principais argumentos contra a PEC estão relacionados às legítimas preocupações com o impacto orçamentário da mudança em tempos de grave crise econômica. Entendemos, no entanto, que a resolução da crise não pode se dar em prejuízo do serviço público. Muito menos dos docentes e funcionários das universidades públicas paulistas que, pela produção e difusão de conhecimento altamente qualificado, desempenham papel social extremamente relevante.

Em primeiro lugar, é necessário distinguir a elevação do teto salarial da justa crítica aos chamados "supersalários". Estes são distorções que devem ser combatidas, e a nova emenda constitucional reforça o marco legal para extingui-los. A aprovação da PEC repara a situação que diminuía a remuneração do funcionalismo de São Paulo – estado

1 A versão original deste artigo foi publicada no jornal Estado de São Paulo, em 26 jun. 2018, disponível em: https://opiniao.estadao.com.br/noticias/geral,universidades-e-o-novo-teto-do-funcionalismo,70002368466, acesso em: out. 2020.

mais rico e com o maior custo de vida do país – frente a todos os estados da federação. Apenas o Espírito Santo apresentava teto mais baixo que o paulista. Nos últimos anos, em São Paulo, o teto – dado pelo subsídio do governador – vinha sendo arbitrariamente mantido em níveis muito mais baixos do que o teto federal, causando disparidade em relação à remuneração dos trabalhadores das outras universidades públicas do país, inclusive as situadas no próprio estado de São Paulo. Além disso, o teto instituía uma anomalia, pois regulava uma carreira de estado pelos vencimentos de alguém que exerce mandato político.

Vale destacar que a PEC não introduz aumentos, mas suspende o corte salarial que atingia os servidores públicos, principalmente os que estão no estágio final da carreira. Não haverá impacto orçamentário no primeiro ano, e sim um escalonamento para que aqueles que tiverem direito possam alcançar o limite do subsídio mensal dos desembargadores nos próximos quatro anos.

Uma carreira diz respeito a toda uma vida dedicada ao serviço público, com previsibilidade quanto às regras de ingresso e progressão salarial. Exige-se dos docentes das universidades públicas uma longa trajetória de formação desde a graduação, passando pelo mestrado, doutorado e pós-doutorado. São anos de formação necessários para ingressar na carreira. Nas três universidades paulistas, a carreira é constituída por seis níveis no Magistério Superior. A passagem do segundo para o terceiro nível se dá por meio de concurso de livre-docência, e do quinto para o sexto, por meio de concurso público para professor titular. Tais concursos exigem alta qualidade do trabalho acadêmico e relevância científica das pesquisas empreendidas pelos servidores.

Desse modo, a ascensão na carreira ocorre ao longo de vinte, não raro trinta anos de trabalho ou mais. A definição do subsídio do governador como teto remuneratório fazia com que a carreira dos professores mais antigos fosse comprimida, em termos salariais (mas não em termos acadêmicos), para apenas quatro níveis.

No caso da Universidade de São Paulo (USP), da Universidade Estadual Paulista (Unesp) e da Universidade de Campinas (Unicamp), o antigo teto gerou grave desestímulo aos docentes com extensa trajetória universitária e de dedicação ao serviço público. Esses docentes, que tiveram décadas de contribuição social, tiveram seus salários cortados justamente no auge de sua produção científica e de sua capacidade de formação de novos pesquisadores. Tal situação levou a aposentadorias precoces e à frequente fuga desses profissionais a universidades federais, a universidades privadas, a universidades no exterior ou simplesmente ao abandono da carreira universitária em prol de ocupações mais bem remuneradas na iniciativa privada. Além disso, fez diminuir consideravelmente a atratividade das universidades paulistas para os jovens talentos, tão importantes para a manutenção futura da excelência duramente conquistada.

O sistema de ensino superior público paulista é uma das principais forças do estado e um patrimônio que a sociedade precisa defender. É preciso que haja vontade política para manter a qualidade e os novos desafios pelos quais passam a USP, a Unesp e a Unicamp. Mesmo em crise de financiamento, as três universidades estaduais paulistas respondem por cerca de um terço dos artigos científicos produzidos no país. Entre 1995 e 2018, o número de estudantes matriculados na USP, na Unesp e na Unicamp praticamente dobrou. Hoje, elas têm juntas cerca de 190 mil alunos matriculados nos cursos de graduação e de pós-graduação. Essa expansão se deu em meio a um grande esforço de financiamento próprio das universidades, com a criação de novos *campi* e sem a prometida ampliação orçamentária.

A situação previdenciária é muito pior do que em 1994, quando se fixou o repasse de 9,57% do ICMS às universidades. Além disso, pelo menos no caso da Unicamp, é fundamental ampliar o repasse da Secretaria da Saúde para o financiamento da área de saúde, responsável pelo atendimento de alta complexidade de mais de seis milhões de usuários.

O caráter estratégico das universidades deve ser considerado pela sociedade paulista e por seus representantes na Assembleia Legislativa, de modo que a ampliação de suas fontes orçamentárias possa permitir a efetiva valorização de seus funcionários e docentes recém-contratados, assim como a permanência de uma política segura de expansão e democratização do Ensino Superior no estado.

A defesa da universidade pública requer profissionais reconhecidos e valorizados. Sem eles, perde toda a sociedade, pois a universidade pública é imprescindível à criação de alternativas para o desenvolvimento e o enfrentamento dos graves problemas sociais que nos afligem.

Comentário

Como explicado em mais detalhes no texto "Quanto custa..." (página 139), o contexto neste caso era a aprovação pela ALESP de uma emenda constitucional que considerava o teto salarial do funcionalismo público o salário dos desembargadores do Tribunal de Justiça do Estado de São Paulo (TJSP). Entretanto, poucos meses depois o TJSP vetou a emenda, considerando-a inconstitucional por um vício formal. A ação direta de inconstitucionalidade foi proposta pelo prefeito de São Bernardo do Campo, sob a alegação de que a emenda violaria o pacto federativo, uma vez que sua iniciativa partiu de deputados estaduais e a Constituição paulista prevê competência privativa do governador para propor emendas que tratem sobre teto remuneratório dos servidores públicos. O assunto somente foi parcialmente equacionado em janeiro de 2020, com uma decisão liminar do STF.

Acho sempre importante enfatizar que é sempre complicado discutir um assunto complexo como o teto salarial dos professores universitários no estado de São Paulo em um país tão desigual como o nosso. Contudo, é necessário colocar em discussão a valorização da carreira de professor universitário e o que ela significa para a manutenção da excelência nas universidades públicas de São Paulo, incluindo a discussão sobre a fuga de cérebros, comentada no texto da página 129. Um detalhe importante sobre este artigo é o fato de ele ter sido escrito em conjunto com o então presidente da Associação de Docentes da Unicamp, em uma parceria inédita no contexto da defesa da universidade pública brasileira.

PARTE V
O orçamento

30 anos dc autonomia de gestão financeira das universidades públicas paulistas

Em adição ao meu encantamento pela Unicamp, que vem da infância, sempre fui um grande admirador da Universidade de São Paulo (USP) e da Universidade Estadual Paulista (Unesp). A USP, durante sua longa história, construiu um merecido destaque combinando gigantismo e excelência – o Brasil no século XX teria sido pior sem ela. O projeto da Unesp também é espetacular, com desenvolvimento, ciência e tecnologia levado a todo o Estado, ativando talentos e iniciativas – as cidades onde está se tornam automaticamente melhores.

A crescente grita mentirosa dos últimos anos contra as universidades públicas nos deram um senso de união ainda maior. Foi com esse espírito que proferi uma fala durante evento histórico realizado no dia 15 de agosto de 2019, na USP, no qual foram reunidos os Conselhos Universitários da USP, Unicamp e Unesp, pela primeira vez na história. Na posição de presidente do Conselho de Reitores das Universidades Estaduais Paulistas (Cruesp), tive a honra de presidir esse evento em um momento no qual as universidades estavam sob ataque, tanto no país quanto no estado de São Paulo, por meio de uma CPI criada na Assembleia Legislativa do Estado.

Fiz o seguinte discurso:

"É uma satisfação, como atual presidente do Cruesp, celebrar os 30 anos da promulgação do Decreto 29.598, de 2 de fevereiro de 1989, por meio do qual se instituiu a autonomia de gestão financeira para as universidades financiadas pelo Estado de São Paulo.

Ao destinar um percentual fixo da arrecadação estadual do ICMS às universidades públicas paulistas – USP, Unicamp e Unesp –, o decreto garantiu-lhes a possibilidade de planejar seu futuro de forma estratégica. Antes condenadas à incerteza que caracterizava o período do "pires na mão", em que cada reitor se via obrigado a peregrinar pelas secretarias do governo estadual em busca de recursos para a sua instituição, as três instituições puderam, enfim, desfrutar a segurança proporcionada pela capacidade de elaborar orçamentos anuais com base em previsões realistas de receitas e despesas.

As consequências da introdução do novo modelo de financiamento – até hoje, único no mundo – logo se tornaram evidentes e não poderiam ter sido mais positivas. De modo geral, as três universidades expandiram sua área física; ampliaram suas atividades de ensino, pesquisa e extensão; progrediram em todos os indicadores de desempenho acadêmico; e ainda conseguiram reduzir seus quadros de servidores docentes e não docentes. Ou seja, passaram a atender uma parcela maior da sociedade com mais qualidade e eficiência.

Os dados são irrefutáveis. Na Unicamp, por exemplo, a conquista da autonomia permitiu que se colocasse em prática o Projeto Qualidade, responsável por elevar a proporção de docentes com título de doutor em atividade na universidade de 59%, em 1989, para 99%, em 2018. Nesse mesmo período, o número de vagas nos cursos de graduação da Unicamp aumentou 107%; o de dissertações de mestrado defendidas por ano, 234%; e o de teses de doutorado, incríveis 642%. Houve, ainda, um aumento de 1 630% na quantidade de artigos científicos publicados em periódicos indexados na base Web of Science, que saltou de 288 para 4 981.

Como se pode ver por esses exemplos, a autonomia está na origem de um rápido e intenso processo de desenvolvimento institucional que levou não só a Unicamp, mas também a USP e a Unesp, a estar hoje entre as melhores universidades da América Latina, segundo os principais *rankings* internacionais especializados.

Tais resultados já seriam mais do que suficientes para justificar a celebração dos 30 anos da promulgação do decreto de 1989, mas há um segundo motivo que confere ainda mais importância a essa ocasião: a oportunidade ímpar que nós aqui reunidos temos de defender a universidade pública e expor para a sociedade os inúmeros benefícios que instituições como a USP, a Unicamp e a Unesp propiciam ao Estado de São Paulo e ao país como um todo.

As universidades públicas brasileiras, federais ou estaduais, têm sofrido uma série de ataques sem precedentes nos 60 anos de história do sistema nacional de ciência e tecnologia. No caso das estaduais paulistas, os ataques se materializam, sobretudo, na CPI em andamento na Assembleia Legislativa – instalada sem motivação concreta – e em campanhas difamatórias baseadas na circulação de *fake news* pelas redes sociais.

É fato que USP, Unicamp e Unesp vêm enfrentando sérios problemas financeiros desde o início da longa crise econômica em que o país ainda está mergulhado. No entanto, também é verdade que as próprias universidades estão tratando de solucioná-los, cada uma à sua maneira, com base na autonomia que lhes foi conferida em 1989.

Apenas para ilustrar, quando assumi a Reitoria da Unicamp, em abril de 2017, o custo da folha de pagamentos equivalia a 102,71% das receitas que a universidade recebia do Tesouro do Estado. Tomamos medidas duras para conter o crescimento natural da folha, revimos condições e valores de convênios e contratos, e começamos a reorganizar os processos administrativos com o intuito de torná-los mais eficientes. Tudo isso de forma transparente e mediante discussão prévia com a comunidade acadêmica. Resultado: em abril de 2019, a folha de pagamentos representa 90,48% das receitas da Unicamp provenientes do ICMS.

É inegável que a parcela de comprometimento dessas receitas com salários e aposentadorias continua alta. Contudo, a redução de mais de 12 pontos percentuais alcançada em apenas dois anos comprova que as universidades, no exercício da autonomia, são capazes sim de resolver as suas questões internas.

Defender a autonomia de gestão financeira com vinculação orçamentária para as universidades estaduais paulistas significa zelar pelo futuro de um dos principais patrimônios da população de São Paulo. Em que pesem os esforços das três instituições para diversificar suas fontes de receitas, será apenas com a garantia da manutenção do financiamento público nos moldes estabelecidos pelo decreto de 30 anos atrás que USP, Unicamp e Unesp conseguirão dar continuidade a essa história exemplar de inestimáveis contribuições para o desenvolvimento econômico e social do estado e do país. Sem universidades públicas fortes como as três estaduais paulistas, o Brasil não tem futuro."

Comentário

Ainda tenho arrepios ao lembrar desse dia. Pela primeira vez os Conselhos Superiores das três universidades do Estado de São Paulo se reuniram para celebrar a autonomia, e defender o ensino público de qualidade. Foi certamente um dos momentos mais marcantes da gestão, e que certamente já entrou para a história. Apesar de ter mais de 30 anos, e com todos os indicadores favoráveis, muita gente ainda não conhece esse modelo de sucesso do Estado de São Paulo, que eventualmente poderia ser replicado para outros estados do Brasil. Pior do que isso, é um modelo que ano após ano tenta ser destruído por alguns políticos que preferem a velha prática do "toma lá, dá cá", tão comum em nosso país. É importante mostrar os benefícios desse modelo, mas as três universidades paulistas também devem fazer a sua parte, e utilizar os recursos provenientes dos contribuintes de forma consciente e transparente, para que possam continuar crescendo e trabalhando em benefício de todos.

Orçamento transparente e responsável

Pouca gente sabe, mas as propostas orçamentárias da Unicamp estão disponíveis para consulta no *site* da Assessoria de Economia e Planejamento (AEPLAN) da universidade[1]. O *site* também mantém à disposição do público os demonstrativos das revisões periódicas, bem como todas propostas orçamentárias elaboradas a partir de 1989, ano em que a conquista da autonomia financeira garantiu à universidade o recebimento de um percentual fixo (atualmente 2,1958%) do que o Estado de São Paulo arrecada com a cobrança do Imposto sobre Circulação de Mercadorias e Serviços (ICMS).

A Proposta de Distribuição Orçamentária sintetiza a forma como a Unicamp planeja utilizar os recursos financeiros que receber ao longo do ano do Estado de São Paulo e das outras fontes de financiamento. Na proposta estão discriminadas todas as receitas e despesas previstas para o período, além das quantias que a universidade

1 A AEPLAN da Unicamp tem um portal (http://www.aeplan.unicamp.br/) no qual publica mensalmente boletins sobre a situação financeira da universidade, além do anuário estatístico e da proposta orçamentária para o ano seguinte. Busca-se com isso uma transparência absoluta no que se refere às finanças da instituição. Não é nada simples equilibrar a gestão para manter as atividades fim da universidade e, ao mesmo tempo, o pé no chão no que se refere ao aumento de despesas, pois até o momento a profunda crise econômica que o país tem vivido no segundo quinquênio dos anos 2010 ainda não foi superada.

pretende destinar para cada um dos diversos órgãos e diversas unidades de ensino e pesquisa.

Não é simples chegar a essa proposta, que é amplamente discutida na universidade. O documento reflete o resultado de várias reuniões ocorridas no âmbito das principais instâncias deliberativas da Unicamp. Os debates têm início na Comissão de Orçamento e Patrimônio (COP), prosseguem para a Câmara de Administração (CAD) e são concluídos no Conselho Universitário (CONSU), que aprova o conteúdo final da proposta em dezembro do ano anterior. Esse conteúdo é objeto ainda de revisões trimestrais durante o ano, feitas com o propósito de ajustar as estimativas iniciais de receitas e despesas ao volume de recursos que efetivamente ingressar no caixa da universidade ao longo do ano.

Vistas em conjunto, as propostas dos últimos anos revelam a dimensão do impacto que a longa crise econômica nacional iniciada em 2014 teve sobre a arrecadação paulista do ICMS e, consequentemente, sobre as finanças da Unicamp. A crise provocou sucessivas quedas no valor dos repasses estaduais para a universidade que, combinadas com o crescimento das despesas institucionais, resultaram em uma sequência de déficits orçamentários nunca vista em quase 30 anos de vigência da autonomia. A Unicamp vinha conseguindo manter a normalidade das atividades com o uso de recursos de sua reserva financeira.

Então veio, em 2020, a pandemia do novo coronavírus que, além de trazer tantas notícias trágicas e exigir que a universidade virasse seu planejamento do avesso, nos impôs um novo corte de gastos para poupar 72 milhões de reais no ano, diante da frustração de receita previstas de quase 300 milhões de reais. É o imponderável por ter o orçamento vinculado à arrecadação de ICMS do Estado, logo sempre proporcional a ele.

Em agosto de 2020, porém, uma nova ameaça à saúde financeira da instituição – conquistada com uma contabilidade responsável e detalhista – surpreendeu. O Governo do Estado encaminhou à Assembleia Legislativa o projeto de lei 529/2020, que previa a transferência do "superávit" das universidades estaduais e da Fapesp no final do exercício financeiro ao Tesouro Estadual. Contudo, tratava-se de uma proposta descabida, pois nem a Unicamp nem as outras instituições afetadas têm sobra de dinheiro. O tal "superávit" é a reserva de dinheiro para honrar determinados compromissos do ano seguinte, uma medida fundamental para operar de forma organizada. A proposta do Palácio dos Bandeirantes, portanto, pretendia punir o bom trabalho, e atentava contra a Constituição Federal e a Estadual ao ir de encontro à autonomia das instituições em questão e ainda fragilizava o enfrentamento da pandemia: a proteção da saúde e da vida da comunidade, as pesquisas emergenciais e o atendimento à população.

Diante da percepção do absurdo que estava sendo criado, o governador João Doria desistiu do projeto em outubro. O alívio durou pouco. No mesmo mês, a comunidade científica se mobilizou contra o Projeto de Lei 627, que planejava o orçamento estadual para o exercício de 2021 e previa a redução de 30% no repasse para a Fapesp. Na prática, Unicamp, USP, Unesp e outras entidades apoiadas pela Fapesp teriam um impacto de R$ 454,7 milhões a menos em suas pesquisas. Muda o projeto, mas a percepção de que a ciência é algo de que se pode prescindir permanece. Mesmo com o fim desses projetos, intriga a visão estapafúrdia sobre a gestão orçamentária.

Durante a minha gestão, a administração superior da universidade trabalhou de forma intensa e transparente para reequilibrar as contas da Unicamp. Se por um lado é verdade que a gravidade da situação exigiu a adoção de algumas medidas duras de contenção de despesas, mesmo antes da pandemia – todas elas devidamente discutidas com a comunidade interna e amplamente divulgadas para a sociedade –, há que se destacar, por outro, o esforço político da gestão para ampliar a diversidade das fontes de receita e o volume dos recursos que chegam à universidade. As propostas de distribuição orçamentária e os resultados concretos dos anos da gestão mostram os resultados desse trabalho.

Ciente de que o país vivia um momento de grande incerteza na economia, a nossa gestão deu continuidade à busca pela retomada do equilíbrio orçamentário com seriedade, responsabilidade e transparência. Ao manter a comunidade acadêmica e a sociedade em geral informadas sobre sua situação financeira e suas decisões gerenciais, demonstramos o respeito ao contribuinte, que é, em última análise, o principal financiador da universidade. E é por isso também que os efeitos de uma investida como o PL 529/2020 tiveram de ser denunciados com a devida ênfase, pois ela fere toda a sociedade.

Comentário

A busca pelo equilíbrio financeiro e orçamentário foi uma das principais metas de nossa gestão na Unicamp, que iniciou com mais de R$ 270 milhões de déficit anuais, e com a universidade gastando 17% a mais do que recebia mensalmente. Conseguimos, após 4 anos, e mesmo com a pandemia, entregar a universidade com um orçamento equilibrado, e completamente transparente. Os resultados completos podem ser vistos em: https://bit.ly/3tlrnXW.

Gratuidade na universidade pública: não é tão simples quanto parece

Deveria ser uma ótima notícia que a educação tenha se tornado um tema emergente no debate político brasileiro nos últimos anos – afinal, não faltam problemas a serem resolvidos e há inúmeras possibilidades novas de ampliar o aprendizado e a inclusão por meio da tecnologia, da inteligência de dados e de métodos didáticos. Infelizmente, porém, essa projeção vem repleta de bobagens, achismos e outras fissuras por onde escorrem tempo e energia. É preciso combater as inúmeras falsas premissas a respeito dessa área. Escreverei aqui sobre uma discussão que não vem de hoje: a gratuidade do ensino superior público no Brasil. É um tema complexo, que pode ter argumentos legítimos a favor e contra. Sou contra a cobrança de mensalidades, mas além de apresentar argumentos que justifiquem essa posição, situo algumas informações em sua real perspectiva.

No que tange especificamente às universidades brasileiras, é importante ressaltar que elas devem aprimorar o sistema de governança, melhorando a gestão, os processos e os mecanismos internos de valorização da atividade docente. As universidades devem ter uma presença mais forte de diversos setores da sociedade em seus órgãos deliberativos, o que também diminuiria a pressão de demandas puramente corporativas de setores internos a ela. Certamente, há também muito espaço para que o sistema público de Ensino Superior se diversifique, com instituições que tenham diferentes missões em distintos contextos, e para que haja mais mobilidade estudantil entre diferentes categorias de IES.

Do ponto de vista econômico, é importante lembrar que nas universidades públicas realizam-se quase toda a pesquisa científica e a formação em pós-graduação acadêmica no país. O sistema de universidades públicas, principalmente federais e estaduais, foi desenvolvido com um enorme esforço durante os últimos 60 anos. A atividade de pesquisa, em todos os países, é financiada em geral com verbas públicas, mesmo quando realizada em instituições privadas, como é o caso de poucas instituições comunitárias e privadas que também recebem financiamento do CNPq, da Capes e das Fundações Estaduais de Amparo à Pesquisa. Os movimentos recentes na esfera política parecem indicar que esperam das universidades públicas uma dedicação exclusiva ao ensino de graduação, pois esse seria, em última análise, o resultado da redução dos investimentos brutos por aluno propostos. Os cortes, ou a eventual cobrança proposta, reduziria significativamente a capacidade das instituições desenvolverem pesquisa de alto nível, pois os docentes, que são os líderes das pesquisas, não teriam tempo e condições de trabalho adequadas a essas tarefas. Pesquisa científica é essencial, não apenas para alavancar a inovação e o crescimento econômico, mas também para resolver questões críticas do nosso desenvolvimento. Novas vacinas e novos tratamentos para doenças que afetam a população brasileira; tecnologias capazes de ampliar a produtividade agrícola e industrial; e conhecimento capaz de mitigar os efeitos do aquecimento global sobre nossa produção agropecuária são alguns dos exemplos. É o Estado o grande financiador da ciência no mundo todo. Já a inovação exige investimentos empresariais.

A cobrança de mensalidades não resolve a situação financeira nem do governo, nem das universidades de pesquisa. No *Massachussets Institute of Technology* (MIT), uma das melhores universidades do mundo, por exemplo, elas equivalem somente a aproximadamente 10% do orçamento. Esse percentual é similar em diversas universidades de pesquisa. Isso também vale para recursos de pesquisa oriundos de empresas que, no MIT, são cerca de 5% do dispêndio anual (na Unicamp, só para comparar, esse valor é próximo a 3% nos últimos anos), ver página 165.

Além disso, a cobrança de mensalidade levaria para as universidades públicas um caráter mercantilista. A necessidade de atrair e manter alunos leva, naturalmente, a um decréscimo da exigência e à priorização de carreiras valorizadas pelo mercado de trabalho. Outras carreiras, fundamentais para o desenvolvimento intelectual, tecnológico e cultural do país, acabariam sendo preteridas seguindo a lógica mercadológica. Só para citar dois exemplos, 93% dos cursos de bacharelado em Física e 87% dos bacharelados em Ciências Sociais são oferecidos em instituições públicas, de acordo com o Censo da Educação Superior do INEP, de 2017.

Alguns críticos da gratuidade da educação superior pública brasileira apontam para mitos que perduram, mesmo no próprio âmbito universitário. Em primeiro lugar, argumentam que não é justo a sociedade como um todo financiar estudantes que poderiam pagar pelos próprios estudos, o que corresponderia à maioria dos estudantes nas universidades públicas. Esse argumento poderia ser parcialmente verdadeiro há alguns anos. Contudo, é importante notar que o perfil socioeconômico dos estudantes das universidades públicas foi profundamente alterado nos últimos anos graças a políticas de ação afirmativa, e a grande maioria deles teria imensas dificuldades em pagar as mensalidades médias que seriam cobradas. Para os que argumentam que é injusto o governo pagar universidade para quem poderia arcar com esses custos, basta lembrar que o Brasil é um país com um sistema de impostos regressivo, que tributa mais dos mais pobres. Uma reforma para um sistema de tributação mais justo seria mais do que suficiente para financiar o sistema de ensino superior.

Em segundo lugar, os críticos da gratuidade sugerem que as universidades públicas deveriam buscar mais recursos fora do seu orçamento. As universidades públicas têm feito um esforço intenso para captar recursos extraorçamentários, que em diversos casos alcançam os melhores níveis internacionais. A Unicamp, por exemplo, capta o equivalente a cerca de 30% do repasse do Estado em recursos extraorçamentários, nível superior a muitas universidades de classe mundial.

Somente para fins de argumentação, vamos imaginar que fosse possível cobrar de todos os estudantes das instituições de ensino superior públicas o valor médio cobrado pelas instituições de ensino superior privadas: cerca de R$ 1 000/mês para cursos de um período ou R$ 3 300/mês para os cursos integrais, de acordo com o Mapa do Ensino Superior no Brasil do SEMESP, 2018. Antes de continuar, no entanto, é importante frisar que, no sistema privado, cerca de um terço dos 6 milhões de matriculados recebem algum tipo de subvenção do Governo Federal (FIES e Prouni), que totaliza, em mensalidades pagas, o equivalente a 20 bilhões de reais por ano. Talvez uma parte desse montante devesse ser direcionado aos demais níveis educacionais ou instituições de ensino superior públicas, e não subvencionar empresas com fins de lucro – algumas de qualidade muito duvidosa – como vem fazendo o Governo Federal.

Considerando o perfil socioeconômico dos estudantes do ensino superior público, é evidente que não seria possível cobrar mensalidades de todos eles, pois há um grande grupo de jovens oriundos de famílias com renda per capita abaixo do valor médio e um grupo ainda maior com renda per capita duas ou três vezes esse valor, mas que não poderiam assumir esse custo integralmente. Como exemplo, na Unicamp, da turma que ingressou em 2020, 65,7% dos 3399 matriculados pertencem a famílias com renda total de até sete salários mínimos. Se cada uma delas tem três ou quatro pessoas, não é difícil entender que não seriam capazes de arcar com uma mensalidade de mil reais. Vale lembrar que em 29% dos casos, quase um terço do total, a renda familiar é de até três salários-mínimos.

Além disso, é preciso levar em conta que muitos desses alunos não são residentes de Campinas. De fato, somente 37,3% dos matriculados tinham residência na Região Metropolitana de Campinas (RMC) antes do ingresso na universidade, e mesmo parte deles teria longas viagens de cidades até 30 km distantes para chegar ao local de estudo. O custo desse transporte e/ou de moradia em Campinas – para os demais

62,7% dos matriculados – precisaria ser incluído no custo total de sustento dos estudantes, o que certamente limitaria ainda mais o grupo que poderia arcar com a mensalidade. Além desses fatores, para extrapolar essa análise para todas as IES públicas do país, é preciso observar que a Unicamp está localizada em uma região de alta renda no país, e quase todos os alunos são da região metropolitana de Campinas ou de São Paulo, ou de outras regiões do interior do estado, cuja renda também está acima da média nacional. Ou seja, seria ainda mais difícil a cobrança generalizada da taxa de R$1 000/mês na maioria das IES públicas brasileiras.

Toda essa discussão costuma excluir um ponto crucial sobre a universidade pública. É claro que uma vaga em um centro de excelência, ainda mais gratuita, representa uma grande oportunidade. Essas instituições, porém, não têm como único propósito melhorar carreiras individuais, mas contribuir para um projeto maior de desenvolvimento. Os alunos foram escolhidos, entre outras razões, por seu potencial de serem multiplicadores do conhecimento, em um processo seletivo que tem se aperfeiçoado nos últimos tempos, com a ampliação da representatividade. O impacto produzido pela Unicamp, fundamental para que a região de Campinas se tornasse referência em tecnologia, é um bom exemplo.

As universidades públicas brasileiras são bens públicos construídos com recursos da sociedade à custa de muito esforço coletivo. Constituem um dos poucos exemplos de sucesso na educação brasileira, com amplo reconhecimento internacional, justamente por serem produtivas, inclusivas, gratuitas e bem conduzidas, atendendo de forma responsável às demandas que recebem da sociedade.

Que elas precisam aprimorar sua governança e gestão, além de enfrentar dificuldades de financiamento decorrentes da crise econômica sem precedentes, é certo. Errado é propor soluções simplistas, demagógicas e sem fundamento nos fatos, que podem pôr a perder também esse patrimônio nacional.

Comentário

Este texto é a primeira versão que escrevi para a pergunta da Folha de São Paulo: As universidades públicas deveriam cobrar mensalidade dos alunos mais ricos? O artigo final teve que ser bastante reduzido, e foi publicado na seção "Tendências e Debates" com a resposta clara: Não (ver https://www1.folha.uol.com.br/opiniao/2019/06/as-universidades-publicas-deveriam-cobrar-mensalidade-dos-alunos-mais-ricos-nao.shtml). Esse debate ressurgiu em 2019, mas posteriormente foi desaparecendo, provavelmente por causa das diversas crises que temos atravessado. Mas é um assunto que sempre reaparece no debate sobre educação superior pública, e é certamente muito polêmico, com diversos argumentos legítimos para ambos os lados da questão. Infelizmente, como ocorre em outros debates, há muito achismo e referências incompletas com relação a exemplos internacionais.

Excelência acadêmica requer financiamento público

Coautores: Fernanda de Negri, Carlos Henrique de Brito Cruz

A crise fiscal dos Estados e da União e de várias universidades importantes tem suscitado um debate sobre modelos de financiamento da universidade e da pesquisa científica no país. O debate é bem-vindo, assim como a proposição de alternativas que possam alavancar a formação de pessoas e a produção de conhecimento no Brasil.

Várias universidades de ponta pelo mundo possuem fontes de receitas mais diversificadas – doações, fundos patrimoniais, mensalidades entre outras – do que as universidades públicas brasileiras. Mesmo assim quem mais paga pelos custos dessas grandes universidades internacionais, sejam elas públicas, sejam elas privadas, continua sendo o Estado.

Endowments são fundos patrimoniais, em geral provenientes de doações, comuns nas universidades estadunidenses. Em geral, receitas de tais fundos cobrem algo como 5% das despesas anuais. Mensalidades, por sua vez, também não são, por si só, a solução, pelo menos não para universidades de pesquisa. No *Massachussets Institute of Technology* (MIT), por exemplo, elas equivalem a cerca de 10% das receitas. O mesmo vale para recursos de pesquisa oriundos de empresas, que no MIT são cerca de 5% da receita anual. Na Unicamp, recursos oriundos de empresas têm ficado próximo a 3% nos últimos anos; nenhuma diferença abissal aqui.

As melhores universidades do mundo, além do ensino, produzem pesquisa de alta qualidade e impacto, com benefícios sociais e econômicos acima de seus custos. Por isso o Estado é um dos seus principais financiadores. No MIT, os contratos de pesquisa e subvenções do governo estadunidense são a principal fonte de receitas da instituição: 67% do total para pesquisa no quinquênio 2011-2015. Em Oxford, cerca de 50% das receitas vêm do governo. Na Alemanha, onde as universidades são, em sua maioria, públicas, esse percentual é ainda maior. Na Universidade Tecnológica de Munique, por exemplo, mais de 60% das receitas correntes são provenientes do governo.

Quando se fala do financiamento à pesquisa, o papel do Estado é ainda maior. Na Inglaterra, estima-se que 66% dos recursos de pesquisa das universidades sejam provenientes diretamente do governo inglês e outros 11%, indiretamente, venham da União Europeia.

No Brasil, as fontes de receitas não são tão diversificadas como em outros países, e também é verdade que nossas melhores instituições custam relativamente pouco ao Estado brasileiro. Uma comparação entre a Unicamp e o MIT, duas universidades de excelência em seus países e com grande vocação para a produção de tecnologia, evidencia esse fato. Nos últimos anos, somando repasses do governo do Estado e receitas extraorçamentárias, a Unicamp tem tido uma receita anual, em paridade do poder de compra, de cerca de US$ 1,1 bilhão, menos da metade da receita do MIT – isso, claro, antes da crise agravada com a pandemia da Covid-19, em que há a previsão de uma queda drástica desse valor.

Acontece que o MIT possui 4 500 estudantes de graduação e 6 800 de pós-graduação, enquanto a Unicamp tem 19 000 estudantes de graduação e 16 600 mil estudantes de pós-graduação. O número de professores, por sua vez, é praticamente igual, pouco menos de 1 900 professores nas duas instituições, e o número de funcionários técnico-administrativos é um pouco superior no MIT. A Unicamp tem mais que o triplo dos estudantes, com metade do orçamento e o mesmo número de funcionários e professores, sendo um dos mais importantes centros de pesquisa no país.

O volume de recursos que o MIT recebe a mais do que a Unicamp é, provavelmente, o que faz ele ser uma das melhores universidades do mundo. Esses recursos são investidos em novos centros de pesquisa, laboratórios e equipamentos e na contratação temporária de pesquisadores – os pesquisadores estagiários de pós-doutorado no MIT são mais de 5 000, enquanto na Unicamp eles são menos de 300. Esses profissionais são definitivos para fazer a máquina de pesquisa do MIT funcionar tão bem. Ainda assim, a Unicamp é a universidade brasileira com o maior número de patentes solicitadas ao Instituto Nacional da Propriedade Industrial (INPI).

Pesquisa científica é essencial, não apenas para alavancar a inovação e o crescimento econômico, mas também para resolver questões críticas do nosso desenvolvimento. Novas vacinas e novos tratamentos para doenças que afetam a população brasileira, tecnologias capazes de ampliar a produtividade agrícola e industrial, conhecimento capaz de mitigar os efeitos do aquecimento global sobre nossa produção agropecuária são alguns dos exemplos. E é o Estado o grande financiador da ciência no mundo todo. Já a inovação exige investimentos empresariais.

As boas universidades no Brasil precisam e podem mostrar à sociedade que custam pouco, considerando sua qualidade e seus resultados. Precisam modernizar a gestão do orçamento, criando mecanismos internos de controle que permitam que as decisões sejam compartilhadas, transparentes e consistentes com nossa realidade econômica, demonstrando à sociedade os custos e impactos. E o Brasil precisa definir quantas boas universidades intensivas em pesquisa e ensino consegue manter em condições competitivas internacionalmente, considerando que caro mesmo para um país é não saber criar conhecimento.

Comentário

A versão original deste artigo foi publicada no jornal Estado de São Paulo, 5 jan. 2018, disponível em: https://opiniao.estadao.com.br/noticias/geral,excelencia-academica-requer-custeio-publico,70002139008, acesso em: out. 2020. Esse é outro debate recorrente, sobre o custo das universidades de pesquisa. Evidentemente devemos seguir batendo na tecla de que os gastos em ciência e educação não são custos, mas sim investimentos. Mas precisamos também qualificar melhor o debate, com dados objetivos, exemplos concretos, e mostrando que de fato as universidades de pesquisa brasileira fazem verdadeiros milagres considerando o orçamento que têm, e o modelo de governança que existe. De fato, alguns indicadores são inclusive mais favoráveis a algumas universidades brasileiras, que tem uma graduação e pós-graduação fortes, e contribuem para a formação de milhares de estudantes. O país deve seguir investindo em ciência e tecnologia e educação superior para seguir sonhando com um futuro soberano e sustentável.

PARTE VI
A formação

Conversando com estudantes pré-universitários

Fui convidado para falar para os alunos do Ensino Médio da Escola Comunitária de Campinas, em 6 de março de 2018. Fiz este breve discurso, e depois abrimos o debate com os alunos por cerca de uma hora:

"Bom dia! É um prazer estar aqui na Escola Comunitária de Campinas para conversar com vocês sobre dois temas de grande importância e que estão profundamente ligados entre si: a educação e a democracia.

Conversar com jovens estudantes é sempre uma experiência estimulante e enriquecedora. Mas devo dizer que me sinto especialmente feliz em poder conversar com vocês, estudantes da Escola Comunitária.

Em primeiro lugar, porque a Comunitária foi a escola na qual minha mulher e eu escolhemos colocar os nossos filhos. Olho para a plateia e reconheço vários colegas de sala do Ivan, nosso filho mais velho, que estudou aqui até o fim do ano passado. E imagino que entre vocês também haja irmãos e irmãs de colegas da Sara, que está agora no quinto ano do Ensino Fundamental. Ou seja, aqui dentro, mais do que o reitor da Unicamp, sou o pai do Ivan e da Sara – dois jovens que, como vocês, fazem parte daquilo que costumamos chamar de 'o futuro do Brasil'.

Outro motivo pelo qual me alegro por estar aqui é o fato de essa conversa ocorrer no âmbito do processo eleitoral para o Grêmio Estudantil da Comunitária. A eleição para o Grêmio é a oportunidade que vocês têm de colocar em prática alguns dos valores que a Comunitária procura passar para os estudantes, como a ética, o respeito à diferença e a colaboração entre as pessoas em busca do bem comum. Como em toda eleição, haverá pessoas com pontos de vista diferentes defendendo suas ideias. O importante é que esse debate ocorra de forma respeitosa, com base em argumentos, tendo sempre como objetivo final aquilo que interessa para todos, que é uma escola melhor.

Ainda neste ano, vários de vocês terão a oportunidade de colocar esses mesmos valores em prática em uma eleição de proporções muito maiores e de importância crucial para os rumos que o Brasil seguirá dali em diante. Não me refiro apenas à eleição para presidente, mas também à escolha dos novos governadores, senadores, deputados federais e deputados estaduais. Enfim, das pessoas que farão as leis e tomarão as decisões que guiarão nosso país nos próximos anos.

O Brasil vive um momento singular em sua história. Por um lado, há uma profunda descrença – compreensível, devo dizer – em relação à classe política de modo geral. Por outro, uma forte tendência à radicalização e ao extremismo, manifestada especialmente nos ambientes virtuais. Talvez o Brasil nunca tenha precisado tanto como agora de pessoas capazes de analisar a situação em que o país está com olhos críticos e livres de paixões; de defender suas ideias de forma respeitosa e civilizada; de ouvir com interesse e atenção opiniões diferentes das suas, rebatendo-os com argumentos, e não com agressividade. Em outras palavras, talvez o Brasil nunca tenha precisado tanto de jovens, pessoas como vocês, com uma educação voltada para a formação de cidadãos pensantes, atuantes e preocupados em fazer deste país um lugar melhor para todos.

Educação e democracia, como eu disse mais cedo, são duas coisas que estão fortemente relacionadas entre si. Quanto mais acesso à educação tem um povo, mais democrático é seu país. Democrático não só no sentido de como o poder é exercido, mas também no que se refere à igualdade de oportunidades. Afinal, de que adianta um país realizar eleições regularmente, de forma democrática, mas não oferecer condições iguais de crescimento e desenvolvimento pessoal a todos os seus cidadãos?

Pessoas com acesso a uma educação de qualidade, como vocês, ainda são minoria no Brasil, infelizmente. Um número considerável de jovens nem chega a ingressar no Ensino Médio. Entre os que ingressam, nada menos do que 11% não concluem os estudos por uma série de fatores, que vão desde a necessidade de trabalhar para complementar a renda familiar até o envolvimento com drogas e atividades criminosas, por exemplo.

Dados do Instituto Nacional de Estudos e Pesquisas Educacionais Anísio Teixeira (Inep) mostram que a evasão é ainda maior quando falamos isoladamente dos dois primeiros anos do Ensino Médio. Entre 2014 e 2015, por exemplo, 12,7% dos alunos matriculados no primeiro ano abandonaram os estudos. O mesmo ocorreu com 12,1% dos matriculados no segundo ano. Entre os estudantes que conseguem concluir o Ensino Médio, boa parte o faz em escolas sem a devida infraestrutura onde trabalham professores mal remunerados e, às vezes, com formação deficiente. Além disso, muitos estudantes não têm condições de estudar em casa pela falta de um lugar adequado, de material escolar, de tempo ou mesmo de estrutura familiar.

Para que vocês possam ter uma ideia, o Brasil ocupa os últimos lugares nos *rankings* do Pisa, que é a maior avaliação educacional do mundo. Essa avaliação é feita de três em três anos, em 70 países, com alunos que tenham entre 15 anos e três meses e 16 anos e dois meses de idade, e que estejam, no mínimo, no sétimo ano do Ensino Fundamental. Na avaliação realizada em 2015, participaram mais de 23 mil alunos de 841 escolas brasileiras, entre públicas e particulares. O Brasil ficou em 59º lugar em leitura; em 63º em ciências; e em 66º em matemática – nesse caso, a apenas quatro degraus da última posição.

Contudo, mesmo nessa realidade árida, há talentos que conseguem florescer. Antes de ser reitor da Unicamp, fui pró-reitor de Pesquisa da universidade, entre os anos de 2009 e 2013. Nesse período, tive a satisfação de participar da instalação de um programa inovador nas universidades brasileiras, o ProFIS, que garante uma vaga aos melhores estudantes de todas as escolas públicas de Campinas em um curso superior interdisciplinar de dois anos de duração. Ao concluir esse curso, os estudantes do ProFIS podem sair da Unicamp com um diploma de nível superior ou, então, podem ingressar de forma direta em qualquer curso de graduação da universidade, sem necessidade de aprovação no vestibular.

O ProFIS ainda é um projeto pequeno, restrito à cidade de Campinas, mas já rendeu resultados fantásticos. Os estudantes das primeiras turmas do programa recém se formaram agora em 2017 na graduação. São jovens que concluíram o curso interdisciplinar e entraram direto em cursos de graduação de áreas variadas, como Biologia, Economia, Letras e Enfermagem, nos quais tiveram excelente aproveitamento. As histórias desses alunos são realmente inspiradoras. Convido todos vocês a ler uma reportagem[1] sobre eles publicada no Portal da Unicamp, em 19 de fevereiro de 2018, e convido-os também a visitar o *site* do ProFIS[2].

Mais recentemente, já depois da minha chegada à Reitoria, o Conselho Universitário da Unicamp aprovou mudanças significativas na forma como a universidade seleciona os alunos de graduação. De agora em diante, a Unicamp reservará 25% das vagas para candidatos que se autodeclararem pretos ou pardos. A universidade também oferecerá vagas para ingresso por meio do Enem e para os jovens mais bem colocados em olimpíadas e competições de conhecimento. Criará, ainda, o vestibular indígena.

Essas mudanças, às quais se somam o aperfeiçoamento do Programa de Ação Afirmativa e Inclusão Social, que concede pontos extras no vestibular a candidatos oriundos de escolas públicas – agora, não só do Ensino Médio, mas também do Ensino Fundamental II –, foram feitas para que a sociedade se veja mais bem representada, em toda a

1 Disponível em: https://www.unicamp.br/unicamp/noticias/2018/02/21/do-profis-graduacao-os-primeiros-16-formandos, acesso em: 8 set. 2020.

2 Disponível em: https://profis.prg.unicamp.br, acesso em: 8 set. 2020.

sua diversidade, no conjunto de alunos da Unicamp. Todas as mudanças estão muito bem explicadas no *site* da Comissão Permanente para os Vestibulares da Unicamp (Comvest), o qual eu também os convido a visitar[3].

Iniciativas como a da Unicamp têm seu valor e representam uma resposta da universidade pública – que é financiada com o dinheiro dos impostos que todos nós pagamos – aos anseios da sociedade por uma maior igualdade de oportunidades de acesso à educação superior de qualidade. No entanto, elas estão longe de ser a solução definitiva para o problema.

Só podemos falar em democracia de fato no Brasil quando todas as crianças tiverem acesso a uma Educação Infantil decente, a um Ensino Fundamental decente e a um Ensino Médio decente. Isso não só vai possibilitar competir mais tarde por uma vaga nas melhores universidades e faculdades do país, mas também vai proporcionar condições necessárias para que essas crianças venham a se tornar cidadãos críticos e atuantes.

Há alguns dias, por exemplo, tive a felicidade de receber na Reitoria da Unicamp o presidente global da Qualcomm, uma gigante mundial do setor de tecnologia. Uma pessoa que se formou em Engenharia Elétrica pela Unicamp e não tem mais nenhum diploma acadêmico no currículo – nem mesmo um daqueles famosos MBAs oferecidos pelas escolas de negócios mais famosas e caras do mundo.

Aqui, entre vocês, também pode estar o futuro diretor de uma grande multinacional; a pesquisadora que desenvolverá um tratamento revolucionário contra o câncer; o primeiro cineasta brasileiro a receber um Oscar; ou, quem sabe, a próxima presidenta do Brasil.

Aproveitem a boa formação que vocês já receberam até aqui, assim como a que receberão onde forem cursar os estudos superiores, para fazer a diferença e contribuir para que o Brasil se torne, de fato, um país desenvolvido e democrático.

Muito obrigado e boa sorte a todos vocês."

---

3 Disponível em: https://www.comvest.unicamp.br, acesso em: 8 set. 2020.

Comentário

É sempre revigorante conversar com crianças e jovens, pois têm todo o futuro pela frente. No Brasil temos esse funil tão estreito, que é o acesso a boas universidades públicas, e é importante incentivar os estudantes para que mantenham o esforço em ingressar em uma boa universidade. Nesse caso, a palestra foi em uma escola privada da cidade de Campinas, onde meus filhos estudavam. Por eles soube do contínuo debate sobre as ações de inclusão social e ações afirmativas que vinham ocorrendo na escola, e achei que seria importante contextualizar a importância dessas ações para o futuro da universidade e do país.

O valor de um currículo acadêmico[1]

Coautor: Alcir Pécora

A constrangedora fraude curricular do último ministro da Educação devia servir ao menos para esclarecer a opinião pública sobre o valor de um título acadêmico legitimamente defendido e obtido numa universidade de prestígio.

Nos dias estranhos que correm, isso já não é óbvio. Ao contrário, são frequentes os comentários depreciativos sobre a carreira dos professores, mesmo no âmbito de universidades que exigem pesquisa, docência e extensão. Há entre alguns uma ideia, fundamentada em pura desinformação, de que a carreira do professor de universidades voltadas ao ensino, à pesquisa e à extensão é envolta em privilégio e invejável tranquilidade – usando aqui palavras leves perto das usadas em absurdas ofensas que se espalham em aplicativos de mensagens e redes sociais. Por isso, essas "desinformações" precisam ser contidas com urgência, ainda que as contingências históricas que levaram a esse grau de incompreensão sejam terríveis e continuem a existir.

É preciso saber que, para se tornar docente numa universidade de excelência, é necessário possuir título de doutor, que leva de três a cinco anos para ser obtido. Mas isso só é possível após uma graduação

1 Artigo originalmente publicado no jornal Estado de São Paulo, em 18 jul. 2020, disponível em: https://opiniao.estadao.com.br/noticias/espaco-aberto,o-valor-de-um-curriculo-academico,70003367707, acesso em: out. 2020.

de quatro a seis anos, e de um mestrado, de mais dois anos. Algumas áreas exigem especialização, residência ou exame específico. Várias pedem dois anos de estágio de pós-doutoramento no exterior, período que não se resolve com uma visita rápida a uma instituição estrangeira, como escancarado no caso recente do Ministro. São anos complicados, com bolsas de estudos de valor baixo, que só atendem às necessidades básicas de vestuário, alimentação e moradia da pesquisadora ou do pesquisador e de sua família.

Após a formação, chega a hora dos concursos públicos. São estressantes, raros e disputados, podendo haver trinta ou mais candidatos para uma única vaga. Muitos desses candidatos passam anos até conseguir ser aprovados, mantendo-se ativos na área graças a alguma modalidade de bolsa ou de subemprego. Após vencer esse funil e ser contratado por uma universidade pública, não há *dolce vita*. Além de aulas obrigatórias na graduação e na pós, aumenta a pressão sobre o docente. A universidade e a comunidade científica exigem demonstrações da qualidade em pesquisa manifesta em artigos, livros, apresentações em congressos no Brasil e no exterior.

Para avançar na carreira, cada passo é submetido a bancas de arguição e a avaliação de mérito. Ao fim de 20 ou 30 anos de serviço, poucos conseguem pleitear o concurso da titularidade, último passo da carreira. Numa universidade de excelência, é preciso ainda orientar estudantes de iniciação científica, mestrado e doutorado; supervisionar pós-doutorados e estabelecer um grupo de pesquisa capaz de pleitear reconhecimento nacional e internacional. A demanda por recursos aumenta, pois é necessário comprar equipamentos, pagar bolsas e encontrar meios de financiamento da pesquisa. Os docentes estão obrigados não apenas a fazer ciência, mas a administrá-la – preparando projetos, escrevendo relatórios, prestando contas e gerenciando colaborações.

As professoras e professores também têm forte demanda para colaborar com a administração da universidade. São convocados para compor comissões, chefiar departamentos e outros órgãos, o que significa distribuir o seu tempo e a responsabilidade em tarefas que precisam ser aprendidas durante o seu próprio exercício. Em algumas áreas, como nos hospitais universitários, médicos e enfermeiros atuam como única opção de atendimento a milhões de pessoas sem planos de saúde e sem outro acesso a procedimentos caros e sofisticados.

A vida de um educador comprometido com a universidade pública exige formação longa, responsabilidade elevada, participação em pesquisa de ponta e engajamento com a formação de recursos qualificados para o país. Os salários não são altos e, dependendo da área, são incompatíveis com a remuneração em funções análogas ou próximas no mercado. Boa parte desses docentes teria condições de assumir postos nas melhores universidades do mundo, com salários e infraestrutura superiores. Isso não significa que é uma carreira para loucos ou abnegados. O que leva os docentes a escolhê-la é que, assentada a possibilidade de uma vida digna, com liberdade de pensamento, a carreira universitária oferece abertura, como poucas, para a criação autoral, a formação de futuras gerações, o vínculo com a sociedade e o desenvolvimento do país.

Uma democracia está obrigada a investir em infraestrutura, projetos e quadros das universidades públicas, um patrimônio de todos. A despeito do momento incerto que vivemos, a universidade pública oferece motivos de confiança. Enfrentando diversas crises, a incompreensão de governantes e a desfaçatez das fraudes cometidas à margem delas, as universidades evoluíram a ponto de estar entre as melhores da América Latina e divisar as melhores do mundo.

É preciso que a sociedade brasileira defenda a continuidade e a ampliação do investimento do país na formação das próximas gerações de pesquisadores em todas as áreas do conhecimento como o país vinha fazendo nos últimos 70 anos por meio de bolsas e apoio a equipamentos e custeio. Não reconhecer o valor das universidades e das carreiras universitárias significará mais do que o desplante de falsificar currículos: significará conformar-se, mais uma vez, com um futuro mediocremente perdido.

Comentário

Este texto passou por diversas versões antes de ser publicado. A ideia de escrevê-lo surgiu durante as discussões do teto salarial dos docentes nas universidades do estado de São Paulo (ver páginas 139 e 145). Passou por outra reformulação durante a CPI das Universidades em 2019 (ver página 201), finalmente aceito para ser publicado dias após ser revelado que o então escolhido para Ministro da Educação, Carlos Alberto Decotelli da Silva, apresentava um currículo com falsas realizações acadêmicas. Reescrevemos o início do texto para contextualizar aquele episódio no âmbito do que estávamos querendo mostrar sobre a complexidade da vida acadêmica.

O verdadeiro gargalo na formação de engenheiros[1]

Coautor: Fernando Paixão

Entre as questões em debate em educação, destacam-se hoje a motivação dos nossos jovens para cursar o Ensino Médio e a quantidade de profissionais em áreas de ciência e tecnologia. Muitos encaram esses desafios com propostas pensadas para solucioná-los em etapas escolares mais à frente, como reformar o Ensino Médio para torná-lo atrativo ou formar mais engenheiros e professores de Química e Física criando vagas no Ensino Superior para essas carreiras.

Essas propostas são importantes, mas não levam em consideração limitações de perfil dos alunos, resultantes de falhas no Ensino Fundamental. O que de fato limita a qualidade e o número de formandos nas áreas de ciências exatas e tecnológicas? Dados do Programa Internacional de Avaliação de Estudantes (PISA)[2] apontam que a maior restrição está no número de jovens com habilidades mínimas em Matemática. Habilidades que os capacitem a seguir, com sucesso, o Ensino

1 Uma versão resumida e com dados de 2009 deste artigo foi publicada na seção "Tendências / Debates", na Folha de S.Paulo, em 9 set. 2012; foi comentada em editorial dois dias depois.

2 *PISA 2018 Results*: What Students Know and Can Do – Student Performance in Reading, Mathematics and Science (volume 1). Disponível em: https://www.oecd.org/pisa/publications/pisa-2018-results-volume-i-5f07c754-en.htm.

Médio e, depois, uma carreira nas áreas de exatas e tecnológicas. Essa deficiência na formação, que ainda pode ser somada a outras (leitura, por exemplo), impedirá que qualquer eventual reforma produza resultados na escala esperada. Os resultados de avaliações internacionais tendem a repercutir entre nós apenas pela constatação de que estamos nas últimas colocações. Mas o PISA vai muito além de um mero *ranking*: fornece dados sobre o desempenho dos jovens de 15 anos distribuídos em seis níveis distintos de competência. Explorar mais atentamente esses dados pode ajudar a iluminar o debate.

O exame do PISA em 2018 foi feito por aproximadamente 600 mil estudantes com 15 anos de idade em todo o mundo – a amostra do Brasil teve 10 691 alunos. Cada exame avalia três áreas – Leitura, Matemática e Ciências – e estabelece seis níveis de competência, em ordem crescente de desempenho. Para dar uma ideia do que significa um aluno estar em cada um desses níveis (ou abaixo de todos), seguem exemplos de questões na área de Matemática. No nível um, o aluno deve ser capaz de, dada uma quantidade de dinheiro numa moeda, utilizar uma taxa de câmbio para calcular o valor correspondente em outra moeda. No nível dois, é dada uma altura a ser atingida por uma escada, com um número determinado de degraus, e o aluno deve calcular qual é a altura de cada degrau. No nível três, é dado um gráfico com duas curvas das quais o aluno deve tirar informações tais como em qual região uma curva é maior que a outra. No nível quatro, retorna o tema da taxa de câmbio, com algumas alterações, com perguntas do tipo "a troca foi favorável?". No cinco, é dado um gráfico com a distribuição de notas para duas turmas e o aluno deve argumentar sobre a comparação entre elas. No nível seis, são dadas diversas figuras planas e pede-se para avaliar as de mesmo perímetro.

Nos resultados desse exame do PISA, o Brasil ficou praticamente estagnado na última década e têm desvantagens arrasadoras quando se compara seus resultados aos de outros países. A distribuição dos alunos brasileiros pelos níveis do PISA em Matemática assim ficou em 2018: 41% estão abaixo do nível um (ante 9,1% da média dos países da Organização para Cooperação do Desenvolvimento Econômico que estão nesse nível); 27,1% no nível um (média 18,4%); 18,2% no nível dois (média

22%); 9,3% no nível três (média 24,4%); 3,4% no nível quatro (média 18,5%); 0,8% no nível cinco (média 8,5%); 0,1% no nível seis (média 2,4%).Significa que 86,3% dos alunos não sabem tirar informações de gráficos (era um pouco mais em 2009, 88,1%) e 94,3% não conseguem explicar o que ocorre numa troca de moeda se a taxa de câmbio mudar (eram 96,1% em 2009). [3]

Essa distribuição limita o percentual dos jovens em áreas que exijam competências mínimas em Matemática (classificados do nível quatro para melhor), um dos requisitos que o aluno deve ter para que exista boa chance de sucesso nas carreiras das áreas de exatas e tecnológicas. Só 4,2% dos participantes brasileiros do PISA alcançaram esse desempenho. Considerando que a população de jovens com 15 anos no Brasil é de aproximadamente 3 milhões, teríamos, no máximo, cerca de 126 mil jovens aptos para essas carreiras. Tal número cai, no final do Ensino Médio, porque evidentemente há estudantes com habilidades mínimas que optam por outras carreiras, além de muitos jovens bem-preparados que são privados do ensino superior por suas condições socioeconômicas.

A procura pelo estudo de Engenharia, por exemplo, cresceu no início da década, com auge em 2014, mas voltou a cair nos anos seguintes. Em 2018, foram 243 965 ingressantes nos 5007 cursos da área, mas apenas 130 639 concluintes. Uma disparidade que reflete, entre outros fatores, uma alta evasão, para a qual contribui o déficit de habilidade matemática que o PISA evidencia.

Reiteramos: 86,3% dos estudantes brasileiros não passam do nível dois do PISA em Matemática. Assim, em média, uma turma terá esse percentual de alunos com dificuldades em acompanhar os gráficos das aulas de Física, por exemplo. Dificuldades na questão típica do nível quatro podem se manifestar ao trabalhar com concentração de substâncias em Química. Certamente há uma dificuldade para encontrar docentes licenciados em Física e Química, mas a existência desses profissionais não resolverá as dificuldades que os alunos têm ao acompanhar

---

3 Disponível em: http://download.inep.gov.br/acoes_internacionais/pisa/documentos/2019/relatorio_PISA_2018_preliminar.pdf

essas disciplinas, pois o atraso principal ocorre no Ensino Fundamental. Somente considerando o limitado desenvolvimento em Matemática, tais disciplinas se transformam em barreiras para o aprendizado.

A Coreia do Sul tem 44% dos alunos no nível quatro ou superior do PISA; o Canadá, 37%; a Finlândia, 34%. Esses países têm, proporcionalmente, pelo menos dez vezes mais alunos aptos para as áreas de exatas e tecnológicas. Mesmo com uma população bem menor, a Coreia do Sul pode formar muito mais engenheiros do que nós. A política educacional nos últimos 20 anos tem sido colocar os alunos na escola, uma etapa muito importante. Contudo, hoje, os desafios de tornar o país uma sociedade mais justa e qualificada requer ação que vise melhorar, em muito, a qualidade do Ensino Fundamental. Considerando a educação como prioridade máxima para o futuro do país, deveríamos propor ações concretas para atacar a raiz do problema.

Comentário

Atualizei os dados para os resultados mais recentes do PISA, dez anos depois de ter escrito o artigo original, e infelizmente a situação continua a mesma. No momento do artigo original havia um debate sobre a necessidade de abrir mais vagas de engenharias, pois havia escassez de mão de obra qualificada para suprir a demanda do nosso crescimento econômico. Infelizmente, esse crescimento durou pouco, e ainda assim há falta de profissionais qualificados em diversos setores. No texto, argumentamos que não adianta abrir mais vagas se não tivermos um Ensino Fundamental que forneça minimamente os conteúdos e ferramentas aos estudantes para que possam continuar os seus estudos em nível superior. Por outro lado, a quantidade de estudantes abaixo do nível 1 é absolutamente assustadora, e reflete as imensas deficiências de nossa educação.

Princípios éticos, políticos e pedagógicos da formação docente na relação com a sociedade

Coautores: Eliana Ayoub e Guilherme Prado

Como instituição pública de excelência acadêmica, a Unicamp, assim como outras instituições públicas de educação superior, vem enfrentando um dos grandes desafios dos cursos de licenciatura: formar educadores para atuar na educação básica com sólida fundamentação em conhecimentos acadêmicos que possibilitem a construção de um olhar contextualizado sobre a escola, o sistema educacional e a realidade social mais ampla da qual fazem parte.

No contexto da formação de professores, sabe-se que as dificuldades em torno das questões de reconhecimento social, valorização da profissão e condições de trabalho são problemas a serem considerados tanto no cenário local como no cenário mundial. Nesse sentido, as universidades públicas não podem se ausentar do enfrentamento de tais questões, trazendo para si uma liderança e um protagonismo necessários para as condições extremamente adversas que se apresentam na contemporaneidade para a profissão docente.

É de fundamental importância a assunção integral de que os cursos de formação de professores são graduações plenas, e não acessórios dos processos de credenciamento de bacharéis no ofício da docência.

Assumir, do ponto de vista curricular, tal princípio significa valorizar em sua plenitude os saberes pedagógicos, científicos, técnicos e artísticos necessários para a formação do profissional educador, apto para atuar com compromisso político na educação de crianças, jovens e adultos no país.

A formação de professores voltada à dimensão política e ética de sua atuação precisa também considerar o contexto adverso que atravessamos na história do país, nesta segunda década do século XXI, marcado por práticas de violência física e simbólica no enfrentamento da diversidade de princípios e ideias. Nessa perspectiva, fazer frente a projetos como o Escola Sem Partido configura-se princípio central no conjunto de pressupostos a serem assumidos para a consolidação dos currículos e das práticas produzidas nos cursos de formação de professores. É preciso fortalecer e reiterar o posicionamento político e público a favor de possibilidades de educação e de ensino que recusam a ideia fantasiosa e ingênua de neutralidade nos processos educativos. A falácia em torno da neutralidade na educação abre espaço para práticas de exclusão, preconceito e silenciamento do pensamento crítico, numa sociedade marcada pelas diferenças.

É interessante comentar o Programa Institucional de Bolsa de Iniciação à Docência (Pibid). Na Unicamp, o Pibid teve início em 2010, após submissão do projeto institucional ao Edital 2009 do Pibid. Dentre as 24 unidades de ensino e pesquisa da universidade, 11 são responsáveis pela formação de professores nas áreas de exatas, biológicas, humanidades e artes, com 23 cursos de graduação (diurno e noturno). Inicialmente, o Pibid-Unicamp era composto de seis subprojetos, abrangendo dez áreas de conhecimento. Gradativamente, todos os cursos de formação de professores da Unicamp passaram a se envolver com o Pibid. Até a finalização do Edital Pibid 2018, no início de 2020, mais de 1 500 graduandos tiveram a oportunidade de participar do programa, sem contar com os mais de 60 docentes da Unicamp (entre coordenadores de área e coordenadores institucionais e de gestão) e mais de 100 supervisores das escolas públicas parceiras, desenvolvendo os 40 subprojetos de iniciação à docência da Unicamp.

O programa ficou a cargo da Comissão Permanente de Formação de Professores (CPFP) da Unicamp, que tem como finalidade prover a universidade de subsídios no que se refere à sua política de formação de professores. Essa singular situação do programa na instituição proporciona um profícuo diálogo entre a equipe responsável pelo Pibid e a equipe que coordena o CPFP, sempre em interlocução com todos os coordenadores envolvidos na formação de professores (coordenadores de graduação e coordenadores de área do Pibid). A política interna de formação de professores da Unicamp engloba diferentes ações formativas, dentre elas o Pibid e outros programas similares, e tem incentivado um amplo debate sobre a formação docente na universidade, no diálogo com outras universidades e instituições, como as Diretorias de Ensino Estaduais, a Secretaria Municipal de Educação de Campinas, a Câmara de Educação da Região Metropolitana e o Conselho Estadual de Educação.

Muitos aprendizados foram construídos no decorrer desses anos de experiência do Pibid na Unicamp, como se pode evidenciar, por exemplo, na coleção de livros "Formação Docente em Diálogo", organizada pela coordenação institucional do programa e financiada pela Capes[1]. Os conhecimentos desenvolvidos no âmbito do Pibid, assim como as iniciações científicas, trabalhos de conclusão de curso, dissertações, teses e artigos científicos produzidos na Unicamp e em outras universidades públicas brasileiras, atestam os desafios e as possibilidades que um programa dessa envergadura tem gerado para a reflexão sobre a formação de professores no Brasil.

No ano de 2018, paralelamente ao Pibid, também foi lançado o Programa de Residência Pedagógica (RP), que objetiva oferecer, a discentes da segunda metade de cursos de licenciatura, experiências em sala de aula de escolas públicas de Educação Básica, acompanhados pelo professor da respectiva escola. O Programa visa ainda inserir discentes da primeira metade dos cursos de licenciatura no cotidiano das escolas públicas de Educação Básica para contribuir com o aperfeiçoamento da formação de docentes em nível superior.

---

1 Cf. http://www.ccg.unicamp.br/index.php/cpfp/pibid.

Nesse cenário, a Unicamp tem se comprometido a apoiar e valorizar uma política voltada ao aprimoramento da qualidade da formação docente inicial e continuada no contexto nacional, em parceria com o Fórum Nacional do Pibid-RP (ForPibid-RP), um movimento de articulação das universidades participantes desses programas. Práticas formativas, estabelecidas na relação com as necessidades das escolas públicas, caracterizam-se como uma relevante ação universitária comprometida com a qualidade da formação docente, favorecendo a ampliação dos conhecimentos acadêmico-científicos no campo da educação.

Notadamente, a formação de professores necessita ser uma prioridade das universidades públicas brasileiras. Todos sabemos que a educação é a peça fundamental para o desenvolvimento do país e para que possamos sonhar com um futuro melhor. Assim, as universidades que se dedicam à pesquisa precisam contribuir de maneira efetiva para a formação e valorização de professores da educação básica, em todos os níveis de ensino. É válido ressaltar que a excelência da profissão docente e suas práticas na escola resulta, igualmente, de uma formação acadêmico-profissional assentada nas dimensões universitárias do ensino, da extensão e da pesquisa.

Como educadores, não podemos nos omitir ou virar as costas para essas questões. Formar professores como profissionais plenos, intelectuais, sensíveis, comprometidos politicamente com a justiça social, é tarefa central da universidade. As universidades públicas devem atuar na consolidação de uma cultura universitária de valorização da formação docente, a qual não renuncie ao necessário e urgente enfrentamento que já vem se delineando no cenário nacional relativo a projetos com caráter privatista e de desqualificação de uma formação pública de qualidade.

Comentário

A preocupação com a formação de professores deveria ser um dos pontos centrais das universidades públicas brasileiras. Temos lacunas importantes nessa área, e na minha opinião, deveríamos focar nessa absoluta prioridade. Há outras experiências importantes e com resultados concretos, como a que relato aqui, mas há um longo caminho ainda pela frente. Além das ações específicas, é fundamental pautar essa discussão no âmbito das universidades, que ainda precisam encontrar um diálogo interno com relação a esse tema, bem como cobrar mais programas e projetos de desenvolvimento efetivo de formação docente.

PARTE VII
Universidade e sociedade

Assembleia universitária extraordinária em defesa da universidade

Cerca de 8000 pessoas da comunidade da Unicamp se uniram no dia 15 de outubro de 2019, no vão do Ciclo Básico, para um encontro histórico num dia de sol: a primeira assembleia extraordinária da história da Unicamp em 53 anos de história, em reação a tempos de trevas. Ataques à universidade pública vinham de todos os lados, mas o que mais preocupava eram as propostas de desmonte do Governo Federal, incorporando o obscurantismo como política pública. O ato uniu representantes de alunos, professores e funcionários – categorias que por vezes têm algumas discordâncias naturais, mas que sempre concordarão com a defesa da ciência e do ensino público de qualidade. Eu fiz o discurso inicial:

"Hoje é um dia histórico para a Unicamp. É, também, um dia emblemático para o país. Essa é a primeira vez, em 53 anos de existência, que a Unicamp realiza uma assembleia universitária extraordinária.

O motivo que nos traz hoje a esse local tão repleto de significado, neste momento tão peculiar – e preocupante – da história nacional, justifica a convocação dessa reunião inédita.

Olhemos ao nosso redor. Há aqui, hoje, representantes de todos os segmentos da comunidade acadêmica da Unicamp: professores, funcionários e alunos, vinculados ou não a movimentos organizados. Há, também, pessoas de fora da universidade, representando os mais diversos setores da sociedade.

Em que pesem as diferenças que certamente existem entre nós, estamos todos aqui, no coração da Unicamp, em nome de um ideal comum: defender as universidades públicas, assim como a educação, a ciência e a tecnologia, contra os ataques que vêm sofrendo em múltiplas frentes, de atores variados.

É inaceitável que as universidades públicas brasileiras sejam vítimas de pressões de qualquer sorte – financeiras, sociais ou ideológicas – que as impeçam de desempenhar suas atividades de ensino, pesquisa e extensão de forma livre e autônoma. A sociedade brasileira precisa ser alertada para o perigo que tais ataques representam para o futuro do país. Caso persistam os ataques, o Brasil corre sério risco de enveredar por um caminho, de difícil retorno, rumo à estagnação e ao obscurantismo.

Universidades são, comprovadamente, instituições fundamentais para o desenvolvimento social e econômico de qualquer nação. São as universidades que educam as novas gerações para ocupar posições de liderança na esfera pública e no mercado de trabalho, antevendo, com frequência cada vez maior, o despontar de determinadas profissões e a decadência de outras.

É nas universidades, também, que se realiza boa parte das pesquisas científicas que resultarão, mais tarde, em novos produtos e serviços planejados para melhorar a qualidade de vida e o bem-estar da população. As universidades são, ainda, o local primordial de discussão das grandes questões do mundo contemporâneo; importantes centros de formulação de políticas públicas; e os principais polos de transferência de conhecimento científico para o restante da sociedade.

Não há, no mundo, nenhum exemplo de país desenvolvido que não disponha de boas universidades – convém destacar, fortemente apoiadas e financiadas pelo Estado, sejam elas públicas, sejam elas privadas.

De natureza inovadora e sempre atenta à realidade que a cerca, a Unicamp não poderia furtar-se, nesse momento de tamanha apreensão, a conclamar a sociedade brasileira a se unir em defesa das universidades públicas, da educação, da ciência e da tecnologia. Aprovada por unanimidade pelo Conselho Universitário, a convocação para essa inédita assembleia extraordinária simboliza a indignação da comunidade acadêmica da Unicamp diante dos recentes e reiterados ataques direcionados contra universidades e agências públicas de fomento à pesquisa.

Tais ataques podem resultar no total desmonte do sistema nacional de ciência, tecnologia e inovação – um sistema que levou décadas para ser construído e está na base de todo o avanço social e econômico ocorrido no Brasil a partir de meados do século passado.

Nesse local, que já serviu de palco para outros momentos memoráveis da história da Unicamp e do país, ouviremos hoje manifestações de pessoas com convicções e pensamentos distintos, unidas em prol de um mesmo objetivo. Deve prevalecer aqui o clima de tolerância e respeito às diferenças que se fez presente durante o planejamento dessa reunião, levado a cabo com a participação de representantes de toda a comunidade acadêmica.

Cabe a nós, nesse dia histórico, explicar para a população de Campinas, do estado de São Paulo e do país o que fazem as universidades públicas e por que se deve defendê-las. As universidades públicas são um verdadeiro patrimônio nacional, como comprova o exemplo da Unicamp.

Em apenas meio século, a Unicamp transformou a região de Campinas em polo internacional de desenvolvimento tecnológico. Para além de atrair inúmeras companhias de grande porte para a região, a universidade deu origem a centenas de empresas 'filhas', que hoje empregam milhares de pessoas e ajudam a movimentar a economia do país. Formou milhares de profissionais altamente qualificados, em todas as áreas do conhecimento, que hoje ajudam a construir nosso país. Reconhecida internacionalmente como uma das três melhores universidades da América Latina, a Unicamp, assim como suas congêneres estaduais e federais, precisa do apoio da sociedade para prosseguir em sua trajetória de sucesso.

É hora de a sociedade compreender que o país não pode prescindir de universidades públicas fortes, autônomas, com liberdade acadêmica, e apoiadas pelo Estado. Universidades públicas de qualidade, gratuitas, laicas e com a representação efetiva da própria sociedade. É hora de defendermos, juntos, o futuro do nosso país."

Comentário

Em 2019 os ataques às universidades públicas atingiram o seu pico, e notamos que havia um contexto complicado, com uma CPI instaurada contra as universidades públicas paulistas na ALESP, diversas contestações na justiça, ataques absurdos do governo federal, e uma postura bastante contraditória da grande mídia. Imaginei que seria importante unir todos os setores da universidade por uma causa comum, a defesa à universidade e sua autonomia, e realizamos um diálogo muito profícuo com os sindicatos, diretório central de estudantes, associação de pós-graduandos, e outros movimentos atuantes na universidade. Organizamos em conjunto a primeira assembleia universitária, que foi outro dia muito marcante durante a gestão. A assembleia teve forte repercussão interna e externa, mas infelizmente não foi replicada em outras universidades.

Universidade pública: mais relevante que nunca[1]

No dia 12 de março de 2020, a Universidade Estadual de Campinas (Unicamp) tomou uma decisão drástica para enfrentar a disseminação do novo coronavírus: a suspensão de atividades presenciais não essenciais. Naquele momento, a Unicamp foi a primeira universidade a tomar tal decisão. Recebi diversos elogios pela decisão corajosa, mas também muitas críticas de diversos setores, principalmente governamentais. Diversas universidades – e governos – logo seguiram o mesmo caminho, pois a pandemia avançava em ritmo cada vez mais acelerado.

Imediatamente, iniciamos a discussão sobre a possibilidade de manutenção das atividades didáticas. Como proceder para mudar de modo tão rápido um padrão baseado em aulas presenciais para um modelo de atividades remotas? Como garantir o pleno acesso digital a estudantes que não dispõem de bons equipamentos, de acesso à internet ou mesmo de um local apropriado para estudar? Como manter a qualidade e a excelência de nossos cursos? Como proceder com a avaliação?

---

1 A versão original deste artigo foi publicada no site da revista Veja, 12 maio 2020. Disponível em: https://veja.abril.com.br/educacao/na-pandemia-o-papel-da-universidade-se-mostra-mais-relevante-que-nunca/, acesso em: 2 out. 2020.

Naturalmente todas essas perguntas surgiram e soluções tiveram de ser discutidas e decididas com certa rapidez.

Uma parcela da academia ergueu a bandeira do cancelamento ou adiamento das atividades didáticas do semestre. Algumas universidades no Brasil e no mundo escolheram esse caminho, que pode ser o mais prático de imediato, tem consequências muito sérias no curto, médio e longo prazo. Nessa situação, como ficam os estudantes que precisam se formar para garantir um emprego ou o projeto de pós-graduação? Como ficam os bolsistas que têm atividades ligadas a disciplinas? E os exames de ingresso para as próximas turmas? Tudo será deslocado em seis meses a partir de agora? Muitas instituições que pararam em um primeiro momento estão repensando a decisão, pois ninguém sabe quanto a quarentena vai durar e quais serão as consequências de criar um lapso tão extenso no tempo.

As discussões sobre a divisão digital, que amplificaria as desigualdades sociais existentes em nossa sociedade, têm se mostrado incompletas. As fortes desigualdades sociais já são bastante explícitas no ensino presencial. Por exemplo, temos diversos estudantes que demoram duas ou três horas para chegar até o *campus*. Saem de casa às 5h, tomam dois ou três ônibus e, às vezes, chegam atrasados na aula das 8h porque ainda passam no bandejão para tomar o café da manhã. Alguns dos colegas de classe acordam às 7h30, se alimentam bem, pegam o próprio carro e ainda reclamam por ter muito trânsito na entrada da universidade. Na volta para casa, o mesmo se repete. Onde está a justiça social nessa situação? Ou seja, infelizmente vivemos em um país com imensas desigualdades, e é justamente o papel da universidade, por meio da pesquisa, extensão e formação de recursos humanos, contribuir para diminuir essa brecha. Continuar as atividades é parte dessa equação.

De uma maneira muito pragmática, se a universidade conseguir prover aos estudantes mais carentes equipamentos adequados (*notebooks*, *tablets*) e bons planos para internet (*chips*, bolsas de atividades não presenciais etc.), podemos ter um quadro mais equânime. Em outras palavras, creio que é possível buscar soluções para as questões da inclusão digital que permitam mitigar situações de desigualdade. Desde o começo das atividades não presenciais, a Unicamp tem feito esse esforço. Abrimos um canal de doações e empréstimos de equipamentos, negociamos com as operadoras de telefonia planos mais baratos, compramos *chips* pré-pagos, entre outras providências. Criamos uma bolsa emergencial de atividades não presenciais. Estamos fazendo um esforço significativo para não deixar nenhum estudante para trás. Do lado dos professores, também estamos oferecendo ferramentas e capacitação para transformar as aulas para o novo modelo, que exige diversas adaptações. Vale destacar que temos plena consciência de que não é a situação ideal, mas que devemos agir no modo de "atividades remotas emergenciais".

Um contexto relevante neste momento é que as universidades públicas têm sofrido ataques sem precedentes, que variam desde acusações completamente falsas em redes sociais até instauração de CPI na Assembleia Legislativa de São Paulo. Para cada ofensa contra as universidades, há um grupo de matemáticos estudando um modelo para melhorar a eficiência de respiradores. Para cada compartilhamento nas redes sociais espalhando *fake news*, há pesquisadores publicando artigos científicos em revistas internacionais e construindo uma nação mais inovadora. Além disso, os hospitais universitários são também responsáveis pelo atendimento direto, 100% gratuito, de uma parcela significativa da população. O embate para simplesmente seguir fazendo o próprio trabalho é desgastante, mas não há outra opção a não ser reafirmar continuamente o papel relevante da universidade pública.

Interromper as atividades, mesmo em situação tão crítica como a que estamos vivendo, se mostra na minha visão um verdadeiro tiro no pé. É justamente neste momento que devemos juntar forças, fazer o que melhor sabemos e mostrar para toda a sociedade que conseguimos ser mais relevantes do que nunca, que conseguimos manter a universidade viva e ativa, e que o país precisa de nós. A Unicamp tem sido beneficiada com mobilização de empresas, pessoas físicas e outros setores com doações de diversas naturezas. Convém destacar a agilidade com que magistrados e promotores públicos prontamente destinaram verbas provenientes de acordos e multas com a Justiça e com o Ministério Público para diversas atividades de ensino, pesquisa e assistência médica. Esses recursos, de diversas fontes, estão sendo muito úteis para a compra de insumos, de equipamentos de proteção individual e de equipamentos para a realização de testes e pesquisas em nossas unidades e hospitais.

Conseguimos em pouquíssimo tempo mobilizar a comunidade universitária e a sociedade de maneira geral para ajudar a universidade no enfrentamento da pandemia e dos diversos problemas decorrentes dela. Essa é uma boa novidade deste momento, que nos enche de fôlego e esperança. Apesar das turbulências sanitárias, econômicas e políticas do momento, a sociedade se une em prol de uma causa comum, que é o bem-estar da população, quando a ciência e a universidade são fundamentais.

Comentário

Seguindo o trabalho de disseminação das atividades da universidade, publiquei este artigo para mostrar que apesar de termos decidido interromper as atividades presenciais na pandemia, a universidade seguia funcionando, como sempre. E que, mais do que nunca, as suas atividades são essenciais para o enfrentamento da pandemia. No início da pandemia havia ainda muitos grupos que defendiam que deveríamos parar completamente as atividades, e aguardar a situação melhorar. Optamos por adaptar as atividades de modo remoto, o que posteriormente se mostrou a escolha mais acertada.

Em defesa da liberdade acadêmica e da autonomia

Nos últimos anos temos vivido no Brasil um período de fortes ataques às Universidades públicas, que vão desde acusações completamente infundadas, até cortes substanciais em recursos para custeio, pesquisa e bolsas. Esses ataques têm ocorrido sistematicamente, e surgem de diferentes esferas de governo (federal e estadual) e de diversos órgãos e instituições (executivo, legislativo, órgãos de controle).

Estamos mergulhados neste momento em uma crise sem precedentes, e o noticiário está tão carregado de notícias ruins, que as questões da educação superior chegam a passar despercebidas. É fato que a sociedade brasileira tem passado por um grave momento de forte polarização política. Obviamente, a polarização política, em si, não constitui um fenômeno incomum. Entretanto, chama atenção o clima de acirramento que, em muitos casos, extrapola o campo das ideias para entrar no terreno das hostilidades, que em nada contribuem para a consolidação de um regime democrático arduamente conquistado. Preservar essa conquista, situando o debate no campo das ideias, é um sinal de maturidade intelectual e inteligência política. Relembro aqui alguns fatos, que hoje parecem até distantes, mas que já indicavam um claro movimento que vinha se formando até mesmo antes das eleições de 2018.

Uma semana antes do 2º turno das eleições no Brasil em 2018, diversos ataques às universidades públicas foram articulados por magistrados e policiais em diversos cantos do Brasil. Além de proibição de algumas faixas e alguns cartazes, houve deputados eleitos sugerindo que os estudantes filmassem professores para denunciar eventuais "doutrinações" ou mesmo que evitassem aglomerações ou reuniões em grupo. A comunidade acadêmica reagiu rapidamente, com diversos protestos e mobilizações. A título de exemplo, em 26 de outubro de 2018, a reitoria da Unicamp publicou a seguinte nota[1]:

> *Autonomia universitária e liberdade acadêmica afirmaram-se como os dois principais valores defendidos pelas universidades que assinam a Magna Charta Universitatum (MCU), documento internacional que estabeleceu os princípios fundamentais das escolas superiores, em 1988, por ocasião do 900º aniversário da Universidade de Bolonha. Conforme amplamente noticiado, os 30 anos da primeira edição do documento, do qual a Unicamp é signatária, foram celebrados na Universidade de Salamanca, em setembro, quando os valores estabelecidos pela Magna Carta foram reiterados.*
>
> *O Brasil, por sua vez, estabeleceu a autonomia universitária como princípio constitucional consagrado em 1988. No ano seguinte, esse princípio foi aplicado em sua plenitude nas três universidades públicas de São Paulo (USP, Unesp e Unicamp) com a instituição do regime de autonomia financeira com vinculação orçamentária, o que produziu impactos significativos na produção acadêmica destas instituições. De maneira objetiva, elas podem demonstrar isso por meio de indicadores de qualidade e de produtividade, que abrangem o ensino, a pesquisa e os serviços prestados à comunidade.*
>
> *No momento em que a sociedade brasileira atravessa um novo*

---

1 Disponível em: https://www.unicamp.br/unicamp/noticias/2018/10/26/em-defesa-da-liberdade-e-da-autonomia, acesso em: 2 out. 2020.

período eleitoral para a Presidência da República e Governos Estaduais, é mais que oportuno destacar os princípios estabelecidos na Constituição Brasileira e na Carta Magna de Bolonha como norteadores das políticas públicas voltadas para o ensino superior. Autonomia universitária e liberdade acadêmica constituem pilares indispensáveis para que as universidades cumpram sua missão social, razão pela qual os poderes públicos devem garantir e promover o respeito a estas prerrogativas.

Nunca é demais lembrar que nenhum país conseguiu atingir um ritmo progressivo e sustentável de desenvolvimento econômico e social sem a construção de um sólido sistema universitário. Por sua vez, não é possível consolidar as bases de um ambiente acadêmico eficiente sem a garantia do livre debate de ideias e preservação das liberdades civis, que garantem a todos os cidadãos o direito de assumir e externar livremente suas convicções, sem sofrer perseguição de qualquer governo, instituição ou grupo social.

A Unicamp, que sempre valorizou a discussão de temas fundamentais para a sociedade brasileira, vem a público reiterar a defesa dos princípios indispensáveis às atividades universitárias, num ambiente de tolerância, respeito e responsabilidade. No atual contexto brasileiro, reconhecer, respeitar e valorizar a liberdade acadêmica e a autonomia universitária constitui não apenas um ato de justiça, mas uma medida estratégica para o desenvolvimento do país.

A então procuradora-geral da República, Raquel Dodge, apresentou nesse mesmo dia a Arguição de Descumprimento de Preceito Fundamental (ADPF) 548 contra decisões de juízes eleitorais que determinavam, além da busca e apreensão de panfletos e materiais de campanha eleitoral em universidades e nas dependências das sedes de associações de docentes, a interrupção de manifestações públicas de apreço ou reprovação a candidatos nas eleições gerais de 2018, em universidades federais e estaduais.

Naquele momento, era impossível imaginar o que ocorreria na educação, e em particular na educação superior, a partir da posse do novo governo em janeiro de 2019. Passaram pelo ministério de educação, até agora, quatro ministros, que deixaram marcas muito negativas para o setor, e externalizaram diversos ataques às universidades públicas. Além de falas completamente absurdas (como afirmações que as universidades públicas plantam maconha, por exemplo), de mentiras em seus currículos e de diversos tipos de hostilidades, houve concretamente cortes nos orçamentos das universidades, e também nos programas de bolsas e apoio à pesquisa. Além disso, o governo federal planejou um programa denominado "Future-se", que pretendia alterar significativamente o modelo de gestão e autonomia das universidades federais.

Diante da rejeição do 'Programa Future-se' pela grande maioria das IES públicas federais, o governo federal tem buscado novas formas de interferir na administração dessas instituições. Em junho de 2020, o presidente da república publicou uma medida provisória para que, se o mandato de quatro anos de um Reitor em uma instituição de educação federal terminasse durante a pandemia de Covid-19, o Ministério da Educação designaria um novo reitor para liderar a instituição, desviando-se da longa e estabelecida tradição pela qual os dirigentes universitários são escolhidos a partir de uma consulta à comunidade universitária, onde votam professores, funcionários e estudantes. Como o governo federal demonstrou pouquíssima preocupação com a pandemia, essa medida era claramente um meio de interferir na autonomia dessas instituições. De fato, a afirmação de que não seria possível votar em novos reitores durante a pandemia é completamente absurda, uma vez que a maioria das atividades continuou remotamente, e a tecnologia torna perfeitamente possível a realização de eleições seguras à distância. Felizmente, o Senado derrubou a decisão dois dias depois, pois claramente a MP feria um princípio constitucional.

Mas isso não foi suficiente, pois aparentemente a nova estratégia é atacar a autonomia por meio da escolha dos Reitores. O processo de escolha de novos dirigentes universitários federais começa com uma consulta interna à comunidade universitária. Após a consulta, um colégio eleitoral especial da Universidade envia ao Presidente uma lista ordenada com os três principais candidatos, tipicamente com base nos resultados da eleição institucional. Assim, essa consulta formaliza a manifestação da comunidade acadêmica sobre qual projeto acadêmico pedagógico e de gestão que a universidade deve orientar seus destinos institucionais. A prática, desde o retorno à democracia, tem sido a de que o Presidente nomeia o primeiro nome da lista, respeitando a escolha da comunidade acadêmica. No entanto, este não tem sido a prática geral deste governo. Desde 2019, o presidente já nomeou 54 Reitores, desrespeitando a escolha institucional em vinte casos. Em um dos casos, o nomeado nem sequer estava na lista tríplice. Embora não haja obrigação de escolher a partir da lista da universidade, aceitar a preferência da comunidade acadêmica não é apenas uma tradição, mas uma expressão importante da autonomia, democracia e legitimidade das instituições. A nomeação de um Reitor escolhido majoritariamente pela comunidade universitária garante também a legalidade e a impessoalidade, e privilegia a sintonia do dirigente com o projeto acadêmico da universidade e a liderança institucional também necessárias para a gestão eficiente e plural. A administração de uma universidade complexa por uma pessoa que não foi escolhida pela maioria da comunidade só agrava as tensões no ambiente acadêmico.

Nos âmbitos estaduais, também observamos diversos movimentos contra as universidades. No caso de São Paulo, que tem um sistema de educação superior sólido, que é responsável por praticamente metade da pesquisa feita no país, os ataques vieram tanto do legislativo quando do executivo. Em 2019 foi instaurada uma Comissão Parlamentar de Inquérito (CPI), na assembleia legislativa de São Paulo, contra as três universidades públicas do estado (USP, Unicamp e Unesp). Após quase um ano de oitivas, não houve qualquer comprovação de irregularidades por parte da CPI. Já em 2020, o Projeto de Lei PL 529 de reforma administrativa do estado pretendia confiscar mais de um bilhão de reais das três universidades públicas e da Fundação de Amparo à Pesquisa do

Estado de São Paulo (FAPESP). A comunidade acadêmica se mobilizou fortemente para derrubar este artigo do PL.

Importante destacar que a convivência respeitosa e democrática constitui condição indispensável para que as universidades cumpram sua missão, voltada para a geração de conhecimento e formação de cidadãos nas mais diversas áreas. Afrontar o ambiente acadêmico com atitudes antidemocráticas e hostis compromete não apenas a missão primordial das instituições, mas sobretudo a sua relação com a sociedade que, em última instância, é a principal fiadora das atividades da universidade.

É inaceitável que as universidades públicas brasileiras sejam vítimas de pressões de qualquer sorte – financeiras, sociais ou ideológicas – que as impeçam de desempenhar suas atividades de ensino, pesquisa e extensão de forma livre e autônoma. Caso persistam os ataques, o Brasil corre sério risco de enveredar por um caminho de difícil retorno rumo à estagnação e ao obscurantismo. Assim, defender a liberdade acadêmica e a autonomia das universidades públicas significa zelar pelo futuro de um dos principais patrimônios do país.

Comentário

Escrevi esta apresentação ao dossiê "Autonomia Universitária no Brasil, 30 anos (1988-2018): história, projetos e impasses", da *Revista Angelus Novus*, No. 16, 2020. Aproveitei aqui algumas ideias publicadas nos artigos que escrevi com a Fernanda Leal (ver página 71). Este tema tem me preocupado bastante, pois há um ataque sistemático às universidades públicas, e a todo o sistema de ciência e tecnologia, que foram tão difíceis de se consolidar. Eu acredito que a única maneira de resistir a esses ataques é apostar em comunicação, das mais variadas maneiras e buscando realmente atingir uma parcela maior da população. Afinal de contas, as universidades e institutos de pesquisa têm muito o que mostrar, e são de fato um investimento fundamental para o país.

A universidade, a ciência c o combate ao racismo[1]

Coautora: Néri de Barros Almeida

Machado de Assis, Lima Barreto, Carolina Maria de Jesus, Francisco José do Nascimento, Antonieta de Barros, Ruth de Souza, Pixinguinha, Milton Nascimento, Cartola, Solano Trindade, Abdias do Nascimento, Elza Soares, Gilberto Gil, Tim Maia, Milton Santos, Zezé Motta são nomes desbravadores em suas áreas, que conquistaram grande admiração. Que bom seria se, depois da projeção dessas e outras figuras ilustres ao longo de décadas, o caminho fosse hoje mais suave para que pessoas pretas de diversas áreas conseguirem as mesmas oportunidades que as brancas. Desesperador enxergar que a sociedade pouco evoluiu com o tempo.

O reconhecimento à luta valorosa dos nomes supracitados tarda em se traduzir em reconhecimento a uma parcela do povo brasileiro que tem seus direitos fundamentais violados pelo escravismo oficialmente extinto há mais de 130 anos, porém vivo em nossa sociedade. Não se reconhece nem que a memória da brasilidade é africana, que a condição de preto no Brasil informa sua arte e sua ciência. Esse é um dos fatos,

1 Texto originalmente publicado no Nexo Jornal, 19 nov. 2109. Disponível em: https://www.nexojornal.com.br./ensaio/2019/A-universidade-a-ciência-e-o-combate-ao-racismo, acesso em: 10 jun. 2020.

dentre tantos, que testemunham que há algo que se interpõe entre pretos e os seus direitos. Esse algo se chama "racismo".

Muitas pessoas acreditam ver o racismo apenas em quadros grotescos, como aqueles apresentados por países de escancarado *apartheid*. É importante notar, porém, que o racismo também se manifesta por meio do apagamento, daquilo que não se admite existir. Isso se aplica primeiramente à identidade e se alastra pelos direitos, pelo não reconhecimento de sua efetiva inacessibilidade para a maioria do povo brasileiro. Por que trazer à superfície tais questões? Porque ignorá-las tem reproduzido a desigualdade. Escrevemos do nosso lugar de pessoas brancas, no qual devemos mais ouvir do que dizer, porém jamais nos isentar – isso é o que temos aprendido. Escutar e pensar sobre o tema é uma responsabilidade proporcional ao poder de realização que tenho como reitor da Unicamp. Há mais a dizer sobre isso, mas antes compartilho um pouco de história.

Em 21 de março, a comunidade negra mundial rememora um evento trágico acontecido em 1960, na África do Sul, e do qual nasceu o Dia Internacional Contra a Discriminação Racial, criado em 1966 pela Organização das Nações Unidas (ONU). Uma multidão desarmada de 20 mil pessoas que lutava por direitos foi contida por tiros de metralhadora resultando em 69 mortos e cerca de 180 feridos. A mesma violência se verifica no Brasil, diluída, porém indisfarçável. Segundo o Atlas da Violência de 2017, dos 10% dos indivíduos com mais chances de ser vítimas de homicídios, os negros representam 78,9%. De acordo com o Ministério Público do Trabalho, pretos e pardos enfrentam mais dificuldades na progressão da carreira e na igualdade salarial e são mais vulneráveis ao assédio moral. O relatório "A distância que nos une: um retrato das desigualdades brasileiras" da ONG britânica Oxfam, baseado em dados do Instituto de Pesquisa Econômica Aplicada (Ipea) e da Pesquisa Nacional por Amostra de Domicílios (Pnad), aponta que 67% dos negros no Brasil estão entre os que recebem até 1,5 salário mínimo, enquanto entre os brancos esse índice é de 45%.

O Massacre de Sharpeville, como ficou conhecido o episódio mencionado anteriormente, nos lembra da luta que levou ao final do *apartheid* e ao governo de Nelson Mandela na África do Sul. A morte de Zumbi, líder do Quilombo dos Palmares – a vila fortificada que por mais de um século abrigou uma sociedade de homens que por si mesmos se emanciparam da escravidão – empresta sua memória ao Dia da Consciência Negra. A despeito da grandeza e do papel precursor de lutas emancipatórias, esse episódio resiste a se estabelecer como parte viva de nossa memória coletiva. Por que lutas como essa, de justiça tão evidente, não mudam definitivamente a consciência e as ações de uma parcela significativa da sociedade? Porque um sistema de valores vasto e antigo briga com as percepções de cada um de nós. Portanto, a derrota do racismo reside em cada sujeito e ela começa com o reconhecimento de que os erros do passado nos fazem errar hoje, e que eles não são compatíveis com a visão que queremos ter de nós mesmos nem com o mundo pacífico e justo com o qual teimamos em sonhar. Por enquanto, em sonhar apenas...

Vencidos no século XVIII os desafios jurídicos para o reconhecimento da igualdade e da liberdade, ainda não exigimos – portanto, não permitimos – que os negros tenham acesso aos direitos sociais, econômicos e culturais. E aí está outro aprendizado: se não lutamos contra, somos condescendentes e , portanto, corresponsáveis. Os fatos continuam a trair os compromissos e as ideias que orgulhosamente apontamos como berço da modernidade. Nesse contexto, a modernidade exibe toda a contradição de que é constituída alertando-nos para o fato de que diante de suas potências contraditórias, é preciso fazer escolhas. A pergunta fundamental, portanto, é: que escolhas temos feito? Temos escolhido a igualdade e a liberdade para todos ou apenas para nós mesmos? Em um mundo em que a humanidade de todos não é intransigentemente reconhecida e protegida, o respeito à humanidade de qualquer um está de fato assegurado?

No Brasil, os negros sempre lutaram. Apenas recentemente, porém, o protagonismo que tiveram na própria luta passou a ser reconhecido. Temos a honra de fazer parte de uma das universidades que lideraram essa mudança resgatando na escrita da história o papel do negro em sua própria emancipação. Vimos nas últimas décadas a luta secular do povo negro (ou povo preto – sei que há debate sobre o termo) dar passos coletivos largos e firmes. Por seu próprio mérito, a organização da comunidade negra se tornou mais ampla, densa e complexa, e a luta pelos direitos foi incorporada ao cotidiano da vida social do país. E é evidente para todos que não há sinais de que vá recuar, apesar do momento político que vivemos. O acesso à educação teve – e continua tendo – um papel importante nessa conquista. As universidades acordaram tarde e precisam recuperar o tempo perdido para fazer essa chegada decisiva para o país.

Na Universidade Estadual de Campinas (Unicamp), que em 2019 realizou o seu primeiro vestibular com cotas étnico-raciais, a discussão de políticas inclusivas introduziu uma reflexão que nos transformou e continua transformando, e temos convicção que essa mudança está se dando para melhor.

A Unicamp está ciente de que o lugar que ora se devolve à diversidade, buscando refletir a riqueza da complexidade do povo brasileiro, resultará em um impacto decisivo na ampliação dos processos criativos fundamentais à inovação científica e tecnológica. E talvez nunca na história da humanidade tenhamos precisado realizar mudanças tão radicais em tempo tão exíguo.

Podemos dizer que o papel social da universidade pública saiu fortalecido da implementação das cotas étnico-raciais não apenas porque recebemos hoje ingressantes que são mais representativos do perfil de toda a sociedade brasileira, mas também porque novos temas, novas perguntas e experiências fluem em nossa direção. Em sequência a isso fica assegurado também um retorno mais amplo e rápido para a sociedade dos benefícios daquilo que fazemos pela saúde, pela educação, pelo trabalho decente, pela infância e todas as demais frentes envolvidas na promoção e defesa dos direitos fundamentais firmados no artigo 5º da Constituição Federal.

A universidade hoje está mais preparada para um mundo que se depara com desafios gigantescos de ordem mundial em que a violência, a emergência climática e o esgotamento dos recursos naturais são os mais graves e urgentes. Frente aos fatos da crise global, uma elite do consumo irrefletido e da economia sem amanhã prefere se refugiar no anti-intelectualismo e no antidemocratismo, exibindo sua inadequação ao tempo presente. A comunidade científica tem apontado que as respostas precisam romper com o modelo de desenvolvimento em vigor, ambientalmente insustentável e socialmente excludente. Cabe aos cientistas colocarem sua inteligência à procura de soluções. E, sem dúvida, a diversidade de mentes, culturas e experiências é o caminho mais rápido para chegarmos às respostas de que a humanidade precisa. A universidade deve estar aberta para discutir a reconfiguração dos saberes em uma lógica inclusiva, e a comunidade que luta por inclusão precisa estar preparada para reconhecer os fatos da ciência que têm validade universal e de cujo conhecimento toda a humanidade deve se tornar beneficiária.

Cabe à nossa geração deixar portas abertas para a revolução científico-tecnológica inclusiva que terão de realizar. Nessa trajetória a comunidade negra tem muito a nos ensinar. Sua luta por igualdade e liberdade aponta o caminho que teremos de trilhar para resolvermos nossos problemas de forma pacífica, construtiva e democrática. Sua confiança diante de obstáculos imensos é um exemplo, nos mostra o sentido da luta e nos ajuda a reaprender o valor da liberdade.

O mundo está mudando. Por isso mesmo têm tido relevo em nossos dias reações que negam essas mudanças e tentam distorcer seu sentido roubando delas o que têm de justo, digno e verdadeiro. Assim, de maneira perversa, o preconceito pode distorcer a reivindicação de justiça negando fatos relativos às vidas de pessoas do passado e do presente. O negacionismo fere o direito à memória e ao reconhecimento histórico daqueles que nunca foram plenamente reconhecidos.

Frente às adversidades, o que devem temer os jovens que amam e respeitam a humanidade? Mario Benedetti colocou-se essa questão em um livro que celebra a memória humana face ao infortúnio do exílio; e podemos aqui considerar a condição da população negra um longo exílio, primeiro da África ancestral, depois na própria pátria e sociedade que reconheceram suas. Diz o escritor uruguaio: "Às vezes os jovens têm uma coragem à prova de bala e, no entanto, não possuem um ânimo à prova de desencantos. Se pelo menos eu e outros veteranos pudéssemos convencê-los de que sua obrigação é só a de continuarem jovens. Não envelhecer de saudade, de tédio ou de rancor, mas continuar jovens, para que na hora da volta, voltem como jovens..."

Comentário

Preparamos este texto originalmente para uma cerimônia do Dia da Consciência Negra, na qual fui convidado para receber uma premiação por causa das políticas de cotas da Unicamp (ver texto sobre o assunto na página 109). Fizemos avanços significativos durante a minha gestão, mas ainda falta um longo caminho por percorrer, para nos livrarmos do racismo existente em nossa sociedade. Além das cotas, criamos também a Diretoria Executiva de Diretos Humanos (ver página 35), que tem uma comissão assessora específica para cuidar destas questões. Devemos, urgentemente, nos engajar de maneira efetiva nesse movimento.

Universidade Pública: compromisso com a sociedade[1]

Coautora: Teresa Dib Zambon Atvars

Assumimos a reitoria da Unicamp em abril de 2017 com o lema "Universidade Pública: compromisso com a sociedade". Nossa proposta de gestão recebeu um apoio expressivo na consulta à comunidade interna, e esta consulta se encerrou no primeiro turno. A proposta que apresentamos se balizava em três grandes princípios: responsabilidade financeira e orçamentária; transparência; e compromisso social. O compromisso social se desdobrava em ações internas, mas também se expressava no compromisso externo, principalmente, envolvendo a inclusão de alunos de escolas públicas, das comunidades indígenas e dos afrodescendentes. Ainda durante a campanha considerávamos "imperativo modernizar a gestão das Universidades Públicas, criando mecanismos internos de controle e acompanhamento que permitam que as decisões compartilhadas, transparentes e consistentes sejam alinhadas com a realidade econômica".

Para ilustrar o tamanho das dificuldades que encontramos, é importante lembrar que as receitas orçamentárias da Unicamp

1 Artigo publicado na Folha de São Paulo, no dia 12/04/2021, na sessão Tendências e Debates. Disponível em: https://www1.folha.uol.com.br/opiniao/2021/04/universidade-publica-compromisso-com-a-sociedade.shtml, acesso em: 28/05/2021.

correspondem a 2,195% da arrecadação do ICMS, descontados os investimentos na área habitacional. Já as despesas incluem a folha de pagamentos de ativos e inativos, o custeio da universidade, os contratos e os investimentos que nela se realizam. Em abril de 2017, quando assumimos, a universidade gastava 17% a mais do que recebia, e este déficit vinha crescendo desde 2012, sendo coberto com os recursos de uma reserva estratégica que se reduzia, aceleradamente, a cada ano.

Para atingir o equilíbrio financeiro e orçamentário, desde o primeiro dia de gestão tomamos medidas, muitas vezes consideradas impopulares internamente: cortamos cargos gratificados, demitimos comissionados, restringimos novas contratações, fizemos revisões de contratos, contingenciamos investimentos, aumentamos a informatização dos processos, entre outros. Demos completa transparência e institucionalidade às finanças da universidade, criando o Portal da Transparência e fazendo com que todas as medidas de austeridade fossem aprovadas pelo Conselho Universitário. Definimos que apenas este Conselho aprovaria novas despesas, fazendo com que as decisões políticas não prevalecessem sobre as de mérito. O resultado alcançado pode ser comemorado: apesar da pandemia, terminamos 2020 com um orçamento equilibrado, muito embora o país tenha crescido muito pouco no período.

Além da questão financeira, enfrentamos diversas adversidades com ataques às universidades públicas e à autonomia. Em 2019 fomos surpreendidos pela criação de uma comissão parlamentar de inquérito (CPI) pela Assembleia Legislativa do Estado de São Paulo para apurar possíveis irregularidades nas gestões das três universidades públicas paulistas. Durante a CPI as universidades puderam mostrar as medidas e resultados das três instituições, e, de fato, a CPI não encontrou qualquer tipo de irregularidade.

Em 2020 enfrentamos as dificuldades impostas pela pandemia de Covid-19, sendo a primeira universidade brasileira a decretar a suspensão de atividades presenciais. A universidade mostrou uma enorme capacidade adaptativa, com a continuidade de atividades essenciais presenciais (incluindo a área de saúde que atende uma população de mais de 6,5 milhões de pessoas), e o estabelecimento de teletrabalho em atividades administrativas e acadêmicas. Na área de pesquisa, foi formada a Força Tarefa Covid-19, com mais de 70 grupos de pesquisa atuando no combate à pandemia. Na área de ensino, o resultado chega a ser surpreendente: formamos mais alunos de graduação em 2020 do que 2019! E, apesar das enormes dificuldades que ainda permanecem, a universidade segue funcionando, e estamos agora recebendo remotamente os novos calouros.

Não obstante as crises que enfrentamos, conseguimos avançar em diversas frentes. Implantamos novas formas de acesso à graduação, incluindo as cotas étnico raciais, o vestibular indígena, o ingresso pelo ENEM, e, de forma pioneira, o ingresso de medalhistas de olímpiadas científicas. Mantendo o nosso programa de ação afirmativa e inclusão social (PAAIS) e o programa de formação interdisciplinar superior (ProFIS), conseguimos ampliar as formas de acesso, e com isso ampliar a diversidade e possibilitar o ingresso de estudantes de classes sociais menos favorecidas. Conscientes que a permanência estudantil é fundamental para o sucesso desse novo perfil dos estudantes, aumentamos consideravelmente os recursos para bolsas e auxílios de permanência, de 28 milhões para 40 milhões, um aumento de 43% de 2017 para 2021.

Importante também destacar outras realizações que aproximam a universidade da sociedade: avançamos no desenvolvimento do Hub Internacional para o Desenvolvimento Sustentável, em parceria com diversas instituições da região, que está atualmente em fase de discussão do plano diretor com financiamento (a fundo perdido) do Banco Interamericano de Desenvolvimento; foi criada a Diretoria Executiva de Direitos Humanos, que conta atualmente com seis comissões assessoras, envolvendo centenas de pessoas na universidade; criação da Câmara de Mediação e curso de formação de mediadores para resolução de conflitos; criação do Fundo Patrimonial Lumina para constituir um fundo (*endowment*) de longo prazo para apoiar projetos diversos; ampliação do Parque Tecnológico para abrigar empresas e startups; atuação destacada da área de saúde, antes e durante a pandemia, com atendimento exclusivamente pelo SUS; estímulo à cultura na universidade; ampliação das pesquisas no combate à Covid-19; criação do Laboratório de Gestão

Pública com o programa Desburocratize; criação do Instituto de Estudos Avançados (Idea); entre outros.

Em resumo, equacionar o déficit orçamentário não se contrapôs ao desenvolvimento institucional. A gestão responsável que realizamos permitiu que a Unicamp se engajasse cada vez mais em atividades e medidas de interesse da sociedade. A responsabilidade, a transparência e o compromisso social são princípios que se complementam e qualificam a gestão e esperamos que futuras gestões sejam por eles norteados. São estes os princípios que garantem a existência da universidade autônoma com liberdade de cátedra, criativa e inovadora para continuar produzindo ciência de qualidade para lastrear o desenvolvimento do país.

Comentário

Este texto é uma espécie de prestação de contas da nossa gestão, destacando os pontos principais que estavam presentes em nosso plano de gestão (Unicamp: compromisso com a sociedade), e o que conseguimos realizar. Acredito que é fundamental prestarmos contas para a sociedade, e mostrar os avanços e as dificuldades que tivemos no período, com absoluta transparência. Foram anos desafiadores, mas é muito bom ter a sensação do dever cumprido.

PARTE VIII
O futuro

Alguns desafios do Ensino Superior

Para que um país se desenvolva, é preciso que a maioria da população tenha acesso ao Ensino Superior, seja ingressando em universidades de pesquisa, seja ingressando em faculdades, centros universitários ou institutos de tecnologia. Dados da Organização para a Cooperação e o Desenvolvimento Econômico (OCDE) mostram que, em 2014[1], apenas 15% da população brasileira de 25 a 64 anos possuía diploma de nível superior. Esse percentual é menor que a média dos países membros da OCDE, de 37%, e que o de muitos países da América Latina. No México, por exemplo, 17% da população de 25 a 64 anos possuía diploma de nível superior em 2014. Na Argentina, o percentual era de 21%; na Colômbia e no Chile, de 22%; e na Costa Rica, de 23%. No Brasil, como em outros países, o diploma de nível superior abre caminho para empregos melhores e salários mais altos. As pessoas têm consciência disso, e é por isso que muitos pais e mães se esforçam para garantir aos filhos a oportunidade de ingressar em um curso superior.

1 Segundo o relatório publicado em 2019, pela OCDE, esse percentual aumentou para 18%. Alguns dos países também valores aproximados: México, 18%; Colômbia 23%; Chile, 25%; Costa Rica, 23%. A Argentina teve uma mudança significativa: de 21% para 36%. A média dos países membros da OCDE passou de 37% para 39%. Ver OECD. Education at Glace, 2019. Disponível em: https://www.oecd.org/education/education-at-a-glance/EAG2019_CN_BRA.pdf, acesso em: 30 jul. 2020.

Além das dificuldades de universalização do ensino, temos outros problemas relacionados à forma de ensinar e ao acesso às universidades. Um dos pontos é que o Ensino Superior brasileiro tem uma estrutura muito rígida. Os currículos são engessados e dão muita ênfase ao conteúdo em si. Isso tende a dificultar a formação de pessoas com espírito crítico. É preciso tornar os currículos mais flexíveis, de modo que os alunos, por exemplo, tenham facilidade para cursar disciplinas em outras universidades, mudar de um curso para outro ou mesmo trocar de instituição. Torna-se necessário também que as universidades ofereçam uma formação mais ampla, que dê mais ênfase às aptidões, reduza o número de horas em sala de aula e privilegie o trabalho em equipe.

É claro que os saberes técnicos são fundamentais para qualquer profissão e, por isso mesmo, devem fazer parte dos currículos das universidades. Ocorre que, nos dias de hoje, as universidades não podem se contentar em formar profissionais dotados de bons conhecimentos técnicos. A preocupação delas deve estar, acima de tudo, em formar cidadãos éticos, críticos e bem-preparados para enfrentar as constantes mudanças e mutações de um mundo cada vez mais, no qual boa parte das profissões do futuro ainda não foi sequer inventada.

Uma consequência de toda essa conjuntura é o fato de que muitas pessoas deixam de seguir ou nunca seguiram carreira na área em que são graduadas. Isso ocorre por vários motivos; um deles também tem a ver com a inflexibilidade dos currículos. Os jovens são obrigados a escolher uma carreira muito cedo – aos 17, 18 anos –, muitas vezes sem a maturidade necessária para tomar tal decisão. Não raro, eles se decepcionam com o curso escolhido, mas resolvem levá-lo até o fim, mesmo sabendo que não trabalharão posteriormente na área, por não quererem se submeter a outro exame vestibular e pela dificuldade em aproveitar créditos já cumpridos. Se os currículos fossem mais flexíveis em relação à mudança de um curso para outro, o número de graduados trabalhando na área de formação certamente seria maior. A vida é dinâmica e é impossível saber por quais caminhos ela pode nos levar; por isso, uma formação geral mais completa é importante para que se possa ter flexibilidade nas escolhas e nos caminhos futuros.

Conforme o mundo avança, é natural que alguns cursos se tornem mais populares e concorridos do que outros. Estamos em plena era da comunicação digital. Não é de espantar, portanto, que o curso de Midialogia esteja atualmente entre os mais concorridos do vestibular da Unicamp, atrás apenas dos tradicionais cursos de Medicina, Ciências Biológicas e Arquitetura e Urbanismo. Daqui a algumas décadas, provavelmente haverá outros cursos entre os mais populares. É importante destacar, porém, que cursos menos concorridos também são importantes para o país e para a sociedade, pois também buscam o avanço do conhecimento e a formação de pessoas. É essencial que universidades públicas, que têm um compromisso com a formação de cidadãos éticos e com a ciência básica, continuem a oferecer cursos como esses, mesmo que o interesse por eles não seja tão grande.

O outro ponto fundamental é o acesso à universidade e, posteriormente, as desistências que acontecem ao longo do percurso universitário. Há vários fatores que devem ser considerados, mas o fator socioeconômico é crucial. As universidades privadas são mais numerosas: em 2016, segundo dados do Instituto Nacional de Estudos e Pesquisas Educacionais Anísio Teixeira (Inep), havia 299 instituições públicas de Ensino Superior no país, entre universidades, faculdades, centros universitários e institutos técnicos, contra 2238 instituições privadas. O resultado de tudo isso é que os jovens de famílias com maior poder aquisitivo saem do Ensino Médio com uma base mais sólida para ingressar no Ensino Superior e com melhores condições de disputar uma vaga nas boas e concorridas instituições públicas do país. É claro que existem IES privadas de excelência, mas elas cobram um preço igualmente elevado. Por isso, os jovens de famílias mais pobres, por sua vez, acabam tendo de cursar o Ensino Superior em instituições privadas, muitas de menor qualidade, às quais chegam com uma base mais frágil de conhecimentos e habilidades. As ações afirmativas têm ajudado a elevar o número de alunos oriundos de escolas públicas que conseguem ingressar nas melhores e concorridas universidades públicas do país. Essas ações, contudo, não são suficientes para resolver o problema. É preciso elevar a qualidade do ensino oferecido nas escolas públicas em todos os níveis: Infantil, Fundamental e Médio. Sem isso, os alunos das classes menos favorecidas continuarão a sair do Ensino Médio com menores condições de ingressar e continuar nas melhores instituições públicas de Ensino Superior.

O país já avançou bastante no que se refere às políticas de inclusão, mas elas ainda são insuficientes para o acesso ao Ensino Superior. Por exemplo, dados do Inep mostram que a quantidade de pessoas que ingressam no Ensino Superior no Brasil vem aumentando. Entre 2006 e 2016, o número de alunos ingressantes passou de, aproximadamente, 2 milhões (1 965 314) para cerca de 3 milhões (2 985 644). Nesse mesmo período, o número de alunos matriculados em cursos superiores subiu de quase 5 milhões (4 944 877) para pouco mais de 8 milhões (8 052 254). Um dos fatores que ajudou a levar mais pessoas para o Ensino Superior foi o aumento da oferta de cursos *on-line*. Em 2006, esses cursos respondiam por apenas 4,2% do total de matrículas; em 2016, o percentual já havia subido para 18,6%. O número de vagas no Ensino Superior, porém, tem de aumentar ainda mais, não só em universidades de pesquisa – que têm um custo muito alto –, mas também em outros tipos de instituição. E sempre devemos continuamente zelar pela qualidade desses cursos, para realmente formar cidadãos capazes de enfrentar os desafios que nos reserva o futuro.

Comentário

A versão original deste artigo foi publicada no blog que mantive na versão digital do jornal Correio Popular, de Campinas (SP), em 2017. Era um período pré-eleitoral, em uma disputa presidencial bastante inusitada. Pontuo aqui alguns desafios para a Educação Superior brasileira, incluindo a expansão e a qualidade do ensino, a formação geral e o sistema como um todo.

O futuro da Educação Superior na América Latina e no Caribe

Em junho de 2018, tive a satisfação de participar da 3ª Conferência Regional de Educação Superior de América Latina e Caribe (CRES), em Córdoba, na Argentina[1]. As conferências anteriores foram realizadas em 1996, em Havana, Cuba, e em 2008, em Cartagena das Índias, na Colômbia. Trata-se de uma das maiores conferências de dimensão regional organizada pelo Instituto Internacional para a Educação Superior na América Latina e Caribe (IESALC) da UNESCO, e nesta edição organizado pela Universidade Nacional de Córdoba, pelo Conselho Interuniversitário Nacional da Argentina (CIN) e pela Secretaria de Políticas Universitárias do Ministério de Educação e Desportos da República Argentina (SPU).

É o evento mais importante do sistema de Educação Superior da América Latina e do Caribe. Reitores, diretores, acadêmicos, docentes, estudantes, funcionários e representantes de diversas organizações governamentais e não governamentais se reúnem para debater a situação do sistema educativo na região e delinear um plano de ação para a

1 A CRES 2018 coincidiu com as celebrações do centenário da histórica Reforma de Córdoba, evento que ocorreu a partir de manifestações estudantis. Esse assunto é abordado no artigo "Cem anos da Reforma Universitária de Córdoba", p. 93, deste livro.

próxima década, orientado na necessidade de reafirmar o sentido da educação como bem social, direito humano e responsabilidade do Estado. Na ocasião, participei da mesa-redonda "Inovação tecnológica e desenvolvimento sócio produtivo", com profissionais da Colômbia, da Argentina e do Chile. A Conferência é também uma reunião preparatória para a Conferência Mundial sobre o Ensino Superior, que foi realizada no ano seguinte (2019), em Paris, na França.

A partir dos encontros preliminares e das discussões promovidas durante o evento, redigiu-se uma declaração que reúne de maneira fidedigna as propostas e as deliberações da Conferência. Fiquei muito impressionado com a força desse documento, construído de maneira descentralizada durante muitos meses, em diversos locais. É uma declaração de princípios importantes, que recupera diversos aspectos da Reforma Universitária de Córdoba e reafirma a Educação Superior como um bem público, um direito humano e universal, além de ser um dever do Estado. Esse princípio é fundamental para os debates de privatização do Ensino Superior que têm ocorrido no Brasil nos últimos anos. A seguir, reproduzo um resumo, uma livre adaptação, do texto introdutório desse documento[2].

> *As vertiginosas mudanças que estão ocorrendo na região e no mundo em crises nos convocam a lutar por uma mudança radical em prol de uma sociedade mais justa, democrática, igualitária e sustentável. Há um século um movimento reformista de estudantes em Córdoba proclamou que "as dores que ficam são as liberdades que faltam" e, por incrível que pareça, não podemos esquecer essas dores, que são muitas, pois ainda há pobreza, desigualdade, marginalização, injustiça e violência social. Os acadêmicos de hoje, como aqueles há um século, devem se pronunciar a favor da ciência com humanismo e da tecnologia com justiça, pelo bem comum e os direitos para todas e todos.*
>
> *Devemos reivindicar pela autonomia que permite à universidade*

2 Versão original disponível em: https://www.unicamp.br/unicamp/sites/default/files/2018-07/doc_declaracaoCRES_2018.pdf, acesso em: 16 ago. 2020.

exercer seu papel crítico e propositivo perante a sociedade, sem que existam limites impostos por governos de plantão, crenças religiosas, mercado ou interesses particulares. Essa é a defesa do compromisso social da universidade. A educação, a ciência, a tecnologia e as artes devem ser garantidas sem distinção social, de gênero, etnia, religião nem idade, sendo assim um meio para a liberdade e a equidade. Pensar que as tecnologias e as ciências resolverão os problemas da humanidade é importante, mas não é o suficiente. O diálogo de saberes deve ser plural e igualitário para ser universal.

As débeis regulações da oferta externa e algumas políticas públicas têm aprofundado os processos de transnacionalização e a visão mercantilizada da educação superior, impedindo ou mesmo cerceando o efetivo direito social da educação. Assim, é importante estabelecer sistemas sérios de regulação da educação superior e de outros níveis do sistema educativo. Afinal, a educação não é uma mercadoria. Frente às pressões para tornar a educação superior uma atividade lucrativa, o Estado deve assumir o compromisso de avaliar e regular as instituições e os cursos, de gestão pública e privada, para tornar efetivo o acesso universal à educação superior, a permanência na universidade e a conclusão dos estudos, buscando uma formação de qualidade com inclusão e pertinência local e regional.

Em pleno século XXI, milhões de crianças, jovens, adultos e idosos estão excluídos do progresso social, cultural, econômico e tecnológico. As desigualdades são tão pronunciadas que ainda existem comunidades que não tem acesso à educação superior, porque esta segue sendo um privilégio, e não um direito, como sonhavam os jovens em 1918.

No contexto que vivenciamos, os sistemas de educação superior devem reconhecer a interculturalidade do país e das comunidades onde atuam, para que a Educação Superior seja um meio de ascensão social e igualdade, e não um ambiente de reprodução de privilégios. Há um século os estudantes reformistas de Córdoba denunciaram com firmeza que as universidades haviam se convertido no "no fiel reflexo das sociedades decadentes que se empenham em oferecer o triste espetáculo de uma imobilidade senil". Passaram-se 100 anos e essa mensagem carregada de futuro nos interpela e nos atravessa como uma flecha ética para questionar as nossas práticas.

As nossas instituições devem comprometer-se ativamente com a transformação social, cultural, política, artística, econômica e tecnológica, que hoje é imperiosa e indispensável. Devemos educar as lideranças do amanhã com consciência social e com vocação intercultural. Devemos produzir ambientes onde a vontade de aprender e a construção dialógica e crítica do saber entre docentes e discentes sejam lugares comuns; ambientes democráticos de aprendizagem nos quais se desenvolvam manifestações vitais do ser humano, na forma, sem limites, de criações artísticas, científicas e tecnológicas.

A Educação Superior deve exercer a sua vocação cultural e ética com a mais plena autonomia e liberdade, contribuindo para gerar definições políticas e práticas que influenciem positivamente nas necessárias, e tão sonhadas, mudanças em nosso cotidiano.

A educação superior deve ser a instituição emblemática da consciência crítica nacional de nossa América Latina. As instituições de educação superior devem ocupar um papel preponderante na promoção e no fortalecimento das democracias, lutando contra ditaduras, desrespeitos às liberdades públicas e aos direitos humanos e toda forma de autoritarismo.

Essas tarefas não são simples, mas a causa é imensa e necessária. O "Manifesto Liminar" já profetizava que é preciso manter alto o "o sentido de um presságio glorioso, a virtude de um chamado à luta suprema pela liberdade".

Devemos sempre lembrar que a Educação Superior é um bem público social, um direito humano e universal e um dever do Estado. Essa é a convicção e a base para os debates que seguirão.

Comentário

Essa declaração é muito forte e esclarecedora. Foi muito significativo que esse evento ter sido realizado em Córdoba, cem anos depois da famosa reforma (ver pagina 93). O sistema de educação superior latino-americano tem muita força, mas infelizmente há ainda pouco intercâmbio entre as universidades da região. Atuarmos para essa integração tão sonhada seria um caminho muito importante para toda a América Latina.

Caminhos para a Educação Superior no Brasil

Foi com certa angústia (mas jamais desesperança) que reli as primeiras frases de um artigo escrito por mim e publicado no *Jornal Público*, de Portugal, em 8 de outubro de 2014[1]. O texto começava assim: "O Brasil é um país que tem atraído bastante atenção por ser uma das mais fortes economias emergentes". Éramos então a sétima economia do mundo. Que tempos difíceis estariam por vir! Teríamos dois anos de PIB em decréscimo (3,5% de queda, em 2015, e 3,3% de queda, em 2016), e depois mais três anos de um crescimento pífio (1,3%, 1,3% e 1,1%, respectivamente, em 2017, 2018 e 2019), chegando aos 7,3 trilhões de reais. Caímos uma posição no *ranking* das maiores economias do mundo, mas projeções vinham indicando que poderíamos terminar 2020 fora do *top 10*, com a desvalorização do real, forte impacto da pandemia, entre outros fatores.

O artigo citado já apresentava àquela época uma questão importante: "a desigualdade permanece em níveis alarmantes no país. Após ter alcançado cobertura total na educação primária, o Brasil está agora lutando para melhorar a qualidade e os indicadores do sistema

---

1 Cf. https://www.publico.pt/2014/10/08/mundo/opiniao/brasil-enfrenta-desafio-de-melhorar-qualidade-e-oferta-em-ensino-superior-1672119

educacional. O cenário da Educação Superior também vem mudando rapidamente, dependendo de um balanço complicado entre a sua história e a tradição, o desenvolvimento econômico, a regulação e a acreditação. A Educação Superior tem um papel fundamental nos enormes desafios que o Brasil tem de enfrentar para assegurar um crescimento econômico sustentável e com justiça social."

O trecho me recorda de que, com ou sem crise, estamos sempre cercados por grandes desafios. Aliás, no que se refere à educação, estamos em crise permanente. A educação tem (e exige) diversas demandas e apresenta uma série de problemáticas com as quais os profissionais lidam constantemente. Mas, além disso, no cenário atual outras preocupações vêm sugando muito da energia dos educadores: é frustrante ter de lidar com tantas *fake news* e suposições equivocadas sobre a nossa área, mas os ataques não podem implicar em paralisia. Não podemos esperar uma suposta volta da bonança para combater essas práticas, colocar na mesa questões importantes e urgentes do ensino, promover um salto em indicadores básicos e/ou conectar o país a experiências inovadoras, sejam de outros países, sejam do nosso território. Que não se percam de vista as discussões necessárias em meio a narrativas pueris. Aqui proponho uma delas, que já aparecia no texto original: como modernizar o Ensino Superior brasileiro?

Organização do sistema pós-secundário

O Brasil tem um sistema educacional terciário bastante peculiar, com um número relativamente pequeno de universidades públicas (federais, estaduais e até municipais), que são gratuitas e notadamente as principais responsáveis pelo desenvolvimento de pesquisas em âmbito acadêmico no país. Contudo, há um número grande de instituições privadas, com ou sem fins lucrativos: do total de particulares, quase dois terços têm fins lucrativos – boa parte delas com qualidade questionável. Há ainda um crescente segmento de educação terciária vocacional e técnica: em 2018, houve 20,9% de matrículas em cursos tecnológicos, superando o ingresso na licenciatura (20,5%), de acordo com o Censo da Educação Superior mais recente

A diferenciação no sistema privado resultou de uma lei de diretrizes da educação aprovada nos anos 1990. As instituições particulares podem ser classificadas em: faculdades isoladas, centros universitários (aglomerando diversas faculdades, com foco no ensino) ou universidades (que realizam alguma pesquisa). Os centros universitários supostamente teriam de ter professores mais qualificados do que as faculdades isoladas, assim como melhores programas (graças à autonomia dada para a criação de novos programas). Entretanto, três quartos desses centros são com fins lucrativos, e a qualidade foi sendo minada pelo mau uso da autonomia e pelo excessivo foco pecuniário.

As instituições de Educação Superior estão organizadas de acordo com a antiga tradição europeia. Os estudantes de graduação devem escolher a carreira antes de enfrentar os processos seletivos das universidades. Uma vez aceitos para o curso específico, é extremamente difícil mudar de carreira, a menos que o estudante reinicie todo o processo, desde o ingresso. Há, entretanto, algumas experiências inovadoras com currículos mais gerais, que permitem maior interdisciplinaridade, mais mobilidade e uma escolha profissional mais madura por parte dos estudantes. Convém destacar os bacharelados interdisciplinares (bons exemplos são os da Universidade Federal do ABC e da Universidade Federal da Bahia e da Universidade Federal do Sul da Bahia).

Na Universidade Estadual de Campinas (Unicamp), uma experiência transformadora tem sido ado Programa de Formação Interdisciplinar Superior (ProFIS). Trata-se um curso superior diferente. Cada escola pública de Campinas tem direito a pelo menos uma das 120 vagas e elas são preenchidas pelo aluno com maior nota no Enem que se inscrever. Ao longo de quatro (ou no máximo seis) semestres, há aulas de ciências humanas, biológicas, exatas e tecnológicas. Os concluintes podem ingressar em praticamente qualquer curso de graduação da Unicamp, sem necessidade de vestibular. Ajudei a implantar esse programa quando fui pró-reitor de Graduação (2009-2013) e é bastante satisfatório ver como ele tem contribuído em alto nível para ampliar a diversidade e a inclusão no campus, com uma abordagem diferente do acesso.

Expansão com desigualdade

Entre 2012 (ano do Censo mais recente quando o artigo foi publicado) e 2018, o Brasil passou de mais de sete milhões para 8,45 milhões de estudantes em programas de graduação. As instituições privadas ampliaram sua participação nas matrículas de 73% para 83,1% (com isso, as públicas foram de 23% a 16,9%).

Se o país em 2012 tinha aproximadamente 3 600 programas de mestrado e doutorado, em 2018 eram 4 356 programas. O número de alunos na pós-graduação passou de cerca de 200.000 para quase 380 000. Em 2010, foram concedidos cerca de 12 000 títulos de doutorado e 41 000 títulos de mestrado. Em 2017, os números cresceram respectivamente para 21 591 e 50 306.

Vale traçar alguns outros paralelos entre o artigo escrito em 2014 e dados mais recentes. O sistema de Educação Superior vinha de um crescimento sem precedentes, com o número de matrículas dobrando nos 10 anos anteriores. A expansão continuou. Se compararmos 2008 e 2018, o número cresceu quase 44,7%, de 5,84 milhões para 8,45 milhões de matrículas.

De 2011 para 2012, o número de ingressantes no Ensino Superior havia crescido 17% (de 2,3 para 2,7 milhões de estudantes). Após anos de expansão em um ritmo mais lento, chegamos a 2018 com 3,4 milhões ingressantes (83,1% em instituições privadas). O número de formandos passou de 1 para 1,2 milhão por ano, pois a alta taxa de evasão persiste. Esse é um fator que merece mais estudo e preocupação.

Apesar de parecer impressionantes, os números são ainda tímidos pelo tamanho do país. Na época, apenas 15% dos jovens de 18 a 24 anos estavam matriculados em alguma instituição de Ensino Superior. O texto dizia: "Se a taxa de crescimento continuar no ritmo de 2012, o percentual de jovens no Ensino Superior somente vai alcançar a média da OCDE (34%) em 2022". Pois não estamos nem perto disso. No Censo de 2018, a taxa passou para 21,7%.

Vale ressaltar que a capacidade de matrículas das instituições públicas é limitada pelo seu alto custo por estudante e a forte dependência de fundos estaduais ou federais. Em geral, poucos candidatos à educação superior pública são aceitos: em 2020, 6,33% ou cerca de 1,5 milhão para aproximadamente 237 mil vagas no Sisu; um quadro muito mais acirrado que os cerca de 11% em 2014. O sucesso nos exames de admissão está diretamente ligado ao acesso à educação secundária de alta qualidade (geralmente privada) e a circunstâncias familiares (por exemplo, pais com educação superior). Assim, estudantes de famílias com maior poder aquisitivo têm claras vantagens sobre aqueles de famílias com menos recursos financeiros, que acabam frequentando universidades particulares menos seletivas e de menor qualidade.

Muitas das universidades com forte foco na pesquisa têm um processo seletivo extremamente competitivo, com um número limitado de vagas. Só para citar um exemplo, o vestibular de 2020 da Unicamp teve, aproximadamente, mais de 90 mil candidatos para pouco mais de 3 300 vagas disponíveis.

E a qualidade?

O Brasil tem sistemas separados para a avaliação da qualidade nos níveis de graduação e pós-graduação. O Sistema Nacional de Avaliação de Educação Superior (Sinaes) avalia as instituições e os cursos de graduação, que inclui um teste nacional para avaliação dos conteúdos, o Exame Nacional de Desempenho de Estudantes (Enade). Os programas de pós-graduação são avaliados pela Coordenação de Aperfeiçoamento de Pessoal de Nível Superior (Capes), uma agência diretamente ligada ao Ministério da Educação.

O Sinaes baseia a avaliação em três fatores: institucional, programa e avaliação de proficiência dos estudantes. O Enade, realizado por estudantes que estão no último ano de graduação, testa os tópicos determinados pelos Parâmetros Curriculares Nacionais (PCNs). A avaliação dos programas e das instituições é baseada em dados coletados pelo Ministério da Educação e por autoavaliações realizadas pelas próprias instituições. Um ciclo de avaliação completo é realizado a cada três anos. Mesmo com as limitações e diversas críticas, o Sinaes tem conseguido implantar a cultura de avaliação nas instituições de Ensino Superior; assim, é possível realizar comparações muito úteis entre cursos, instituições e regiões, agrupadas por diferentes critérios.

A expansão da pesquisa realizada no Brasil é evidente; essa afirmação pode ser corroborada, por exemplo, ao ser verificado o número de artigos publicados nas revistas indexadas pelo *Institute of Scientific Information* (ISI Web of Science). Em 2009, o Brasil era o 13º país em termos de artigos nessa base de dados (32 100 artigos). Em 2018, mantivemos a 13ª colocação, com total mais de 50 000 artigos publicados, um crescimento de 30% sobre os seis anos anteriores, que representa o dobro da média global (15%).

Esses números são notáveis, considerando que o país só aplica aproximadamente 1% do PIB[2] em ciência e tecnologia, o que é um número relativamente pequeno se comparado a outros países desenvolvidos ou em desenvolvimento. Os principais sucessos do Brasil, em campos variados como os biocombustíveis, agricultura e aviação, podem ser atribuídos ao investimento contínuo de longo prazo em universidades públicas de pesquisa, educação em nível de pós-graduação e institutos de pesquisa.

Desenvolvimentos futuros

Apesar de o Brasil ainda não possuir um sistema de Educação Superior integrado e diversificado, há algumas tendências importantes que estão lentamente mudando o esse cenário no país. Destaca-se o crescimento

2 Na realidade, esse dado não é fácil de ser encontrado. Pelos dados do Portal da Transparência, gastamos R$ 6,37 bilhões em 2019, quando o PIB foi 7,3 trilhões de reais. Isso daria menos de 1% do PIB (0,87%, para ser mais preciso).

dos programas técnicos/vocacionais (públicos e privados) que focam no treinamento para o mercado de trabalho em áreas e assuntos que não são oferecidos por instituições acadêmicas tradicionais. Por exemplo, as matrículas nos Institutos Federais de Educação, Ciência e Tecnologia (IFs) e Centros Federais de Educação Tecnológica (CEFETs) cresceram de 31 000, em 2006, para 102 000, em 2011. Em 2018, já eram quase 198 000. Outro exemplo impressionante é o Estado de São Paulo, onde as Faculdades de Tecnologia do Estado de São Paulo (FATECs) tiveram um aumento de matrículas de 10 000 de estudantes, em 2001, para 20 000 em 2011. O salto que veio a seguir foi muito maior: em 2020, eram 85 000 alunos.

Outra tendência interessante é o crescimento do ensino a distância. O número de matrículas, em 2001, era de 5 000 estudantes. Esse número cresceu para 1 114 850, em 2012, correspondendo a 15,8% do total de matrículas no Ensino Superior. Em 2018, já eram mais de 2 milhões, com uma participação de 24,3% do total de matrículas de graduação. A tendência é que esse número cresça mais após a pandemia da Covid-19 e a necessidade de as instituições rapidamente se converterem ao ensino emergencial remoto (ver pagina XXX).

Conclusão

A demanda por educação terciária no Brasil cresceu significativamente por diversos fatores, entre eles: aumento da cobertura em níveis anteriores; percepção crescente de que a Educação Superior é um elemento importante para ascensão social; resultado de programas de inclusão social em universidades públicas voltados para a reserva de vagas a grupos sociais e étnicos sub-representados, assim como egressos de escolas secundárias públicas. Todos os sinais apontam para um crescimento contínuo da demanda por educação superior nos próximos anos.

O Brasil certamente enfrentará o desafio de melhorar a qualidade e a oferta de programas em todas as suas instituições de Ensino Superior. Isso deve envolver uma internacionalização crescente das universidades e um aumento gradual dos programas de educação a distância. Entretanto, acredito que em primeiro lugar o sistema de educação superior deve se livrar das fortes amarras que têm hoje, e que impedem possibilidades contemporâneas de formação. O sistema atualmente é muito rígido, e praticamente impede a mobilidade dos estudantes, a flexibilidade nas trajetórias de formação, e a possibilidade de criação de novas formações, tão demandadas pelo mercado. É fundamental aproveitar as estruturas existentes e estimular a formação de redes de instituições, que permitam uma formação mais ampla e completa, e uma troca de conhecimentos e experiências. O Brasil precisa despertar também para a possibilidade de formações menos conteudistas e mais gerais, seguindo a tendência mundial. O sistema de avaliação e regulação deve ser aprimorado, para refletir a diversidade do cenário da educação superior. Os desafios são imensos, mas possíveis. Temos um sistema forte e bastante maduro, que é capaz de transformações rápidas e impressionantes, como já foi claramente demonstrado durante a pandemia que estamos enfrentando.

Comentário

Os desafios que se apresentam para a educação superior brasileira são diversos, e são de grandes proporções. O sistema de Educação Superior é bastante complexo, heterogêneo e robusto, e não é simples alterar a configuração de algo tão amplo, e com tantos interesses diversificados. Mas talvez seja essa mesma a força que pode ser aproveitada para essa mudança, começando pelo desafio de flexibilizar o sistema, e permitir soluções criativas para algumas questões iminentes, como a massificação do ingresso, a qualidade da oferta, e a questão do financiamento. Apesar de não ser simples, temos que implantar com urgência essas mudanças, antes que seja tarde demais. Se já não é...

Ousadia para um futuro sustentável[1]

Coautor: Marco Aurélio Pinheiro Lima

A retórica anticiência tem se ampliado na última década, especialmente no que se refere às mudanças climáticas. Apesar do pior cenário mostrando um aumento da temperatura global de 8 °C e elevação de um metro no nível do mar até 2100, muitos optam por ignorar ou desafiar as evidências científicas. O impacto humano no meio ambiente é real, não é uma questão de opinião. A ciência pode nos ajudar a criar novas formas de organização social e de modelos de desenvolvimento sustentável que gerem menos impactos negativos no planeta. Fazer isso representa um desafio para todas as áreas do conhecimento.

Em 2015, todos os 193 Estados-Membros da Organização das Nações Unidas (ONU) assinaram a proposta da Agenda 2030, constituída por 17 objetivos (os 17 Objetivos de Desenvolvimento Sustentável – ODSs) com 169 metas para serem alcançadas em 2030. Um resumo dessa iniciativa é: deve-se trazer as condições para que as necessidades da geração atual sejam atendidas, mas é preciso proteger o direito das futuras gerações de também atenderem as suas necessidades. No caso de países como o Brasil, o crescimento econômico é fundamental para

1 Artigo publicado no jornal O Estado de São Paulo, em 15/04/2021 (Opinião). Ver https://opiniao.estadao.com.br/noticias/espaco-aberto,ousadia-para-um-futuro-sustentavel,70003682749, acesso em 28/05/2021.

ajudar a superar um contexto de profundas desigualdades sociais. No entanto, esse crescimento, que entre outros recursos exige aumentar o consumo de energia, deve levar em conta os limites dos recursos naturais, isto é, deve ser um processo de desenvolvimento pautado pelas metas da Agenda 2030.

Campinas é uma das maiores cidades do interior paulista e, juntamente com sua região metropolitana (RMC), é responsável por uma fração substancial do PIB do estado. Sua história econômica, que teve origem no cultivo da cana-de-açúcar e foi rapidamente superada pelo café, permitiu que ela se transformasse em um grande polo de desenvolvimento científico e tecnológico do Brasil. A RMC tem diversas universidades, públicas e privadas, parques tecnológicos robustos, instituições de pesquisas públicas federais e estaduais, como o Instituto Agronômico de Campinas, o Instituto Biológico, unidades da Embrapa, o Centro de Tecnologia da Informação Renato Archer, entre outros. Além disso, Campinas abriga o Centro Nacional de Pesquisa em Energia e Materiais (CNPEM), que possui o equipamento de pesquisa mais sofisticado do país, o Sirius, uma fonte de luz síncrotron de quarta geração considerado um dos melhores do mundo. De maneira pioneira, a cidade reservou, já nos anos 1980, uma área de 8,8 milhões de metros quadrados, conhecida como "Polo II de Alta de Tecnologia". A ideia era, a partir de um plano diretor e lei de zoneamento especiais, atrair instituições de pesquisa que pudessem transformar a região em um Vale do Silício brasileiro.

Três décadas depois, em 2014, a Unicamp teve a oportunidade de adquirir uma fazenda de 140 hectares, anexa ao seu principal campus em Campinas, dentro do Polo II. Pensando em como ocupar essa nova área, surgiu a pergunta: deveríamos reservar a área para um crescimento orgânico da Universidade ou fazer algo novo olhando para um futuro de longo prazo? O Hub internacional para o Desenvolvimento Sustentável (HIDS) é a resposta para essa pergunta. Juntamente com a sociedade, começamos a discutir de que forma o novo território adquirido pela

Unicamp poderia contribuir para essa agenda positiva de sustentabilidade.

As ideias iniciais começaram a ganhar forma e novos parceiros foram se juntando à iniciativa, incluindo a FAPESP, a Prefeitura Municipal de Campinas, o governo do Estado de São Paulo e todas as instituições que atuam no território do Polo II. Assim, o plano prosperou para a criação de um distrito inteligente e sustentável, com um sistema de governança específico que permita combinar e articular ações, por meio de parcerias e cooperações entre instituições que possuem competências e interesses voltados a prover contribuições concretas para o desenvolvimento sustentável de forma ampla, incluindo as ações que tenham impactos nos eixos social, econômico e ambiental. Foi elaborado um projeto conceitual, e o Banco Interamericano de Desenvolvimento (BID) aportou US$ 1 milhão de dólares a fundo perdido para o desenvolvimento de um Plano Diretor para o território.

O estabelecimento do HIDS se constituiu com a formação de seu Conselho Consultivo Fundador, composto pelas instituições que realizam pesquisas no território (as três universidades – PUC-Campinas, Unicamp e Facamp –, CNPEM, TRB Pharma, Cargill, Global Tech, CPQD, Instituto ELDORADO e Embrapa), as concessionárias de água e esgoto (SANASA) e energia elétrica (CPFL) e, como intervenientes, a Prefeitura de Campinas e o governo do Estado de São Paulo. Esse conselho está guiando o HIDS para que ele se torne um distrito que concilia urbanismo e meio ambiente na forma de um laboratório vivo, nos mais diversos temas, e que possa propor, medir resultados, corrigir rumos e acima de tudo servir como modelo de desenvolvimento sustentável alinhado aos princípios do Pacto Global e da Agenda 2030 da ONU.

O HIDS é um projeto ousado, de longo prazo e que pretende unir, na forma de consórcio e parcerias, instituições públicas e privadas, nacionais e estrangeiras, junto com diferentes esferas governamentais. Somente com projetos dessa envergadura é que o Brasil poderá contribuir para o processo do desenvolvimento sustentável, produzir conhecimento, tecnologias inovadoras e educação das futuras gerações, mitigando e superando as fragilidades sociais, econômicas e ambientais da sociedade contemporânea.

Comentário

Sem dúvida alguma este é o projeto mais ousado e visionário que iniciamos durante a minha gestão como Reitor da Unicamp. Conseguimos articular um grupo heterogêneo de instituições, em torno de um projeto comum para o futuro, que deverá ser um modelo para o Brasil e para o mundo, e que permitirá a implantação de práticas sustentáveis e pesquisas na área. A complexidade de avançar com um modelo tão diferente no Brasil é imensa, mas isso não pode nem deve desanimar para quem quer buscar realmente avançar no conhecimento e contribuir para um mundo mais justo e sustentável.

As universidades não podem ser uma bolha

Universidades são instituições cuja origem remonta à Idade Média. Se sobreviveram ao passar do tempo e continuam relevantes até hoje, é porque souberam se reinventar e se adaptar às diferentes realidades de cada época.

Uma exigência que o século XXI tem imposto às universidades é a de que elas se aproximem da sociedade e estreitem suas relações com os diversos grupos que a compõem. No mundo atual, definitivamente não há lugar para torres de marfim alheias às demandas que emergem no entorno.

De fato, já é possível notar uma maior consonância entre os anseios da sociedade e o modo de funcionamento das universidades. Prova disso é a revisão que muitas instituições têm feito dos sistemas de ingresso e das políticas de permanência estudantil, impulsionadas pelo crescente interesse na obtenção de diploma de nível superior por parte de grupos sociais que, até poucos anos atrás, sequer cogitava a possibilidade de pisar em uma sala de aula universitária.

As mudanças, contudo, têm de ser ainda mais amplas. A dimensão social precisa ser incorporada, de maneira transversal, às três áreas de atuação das universidades – o ensino, a pesquisa e a extensão – sem o que elas correm o risco de perder sua posição de liderança na formação de pessoas e na produção e disseminação de conhecimento.

Realizar tais mudanças é tarefa que exige discussão e planejamento. Não por acaso, o tema foi um dos eixos centrais de um importante encontro de dirigentes universitários ocorrido na Espanha, em 2018. Trata-se do 4º Encontro Internacional de Reitores Universia, que contou com a participação de líderes de mais de 600 universidades de diferentes países para refletir sobre as profundas mudanças de paradigma que condicionarão os seus papeis na sociedade e na economia do conhecimento.

Reunidos na histórica Universidade de Salamanca – uma legítima sobrevivente da passagem do tempo, que comemorou em 2018 seu oitavo centenário[1] –, os participantes do encontro trocaram ideias e experiências sobre como as universidades podem se preparar para responder com criatividade e dinamismo às atuais demandas da sociedade. O debate foi focado em aspectos estratégicos como: a aceleração da inovação e a globalização; as mudanças na demografia e a distribuição de riqueza; a preparação de jovens e adultos para um mercado de trabalho mais complexo e imprevisível; o avanço tecnológico na digitalização, inteligência artificial e biotecnologia, entre outros. Essas transformações implicam, para cada universidade, imensos desafios e exigem a configuração de estratégias internacionais face ao mundo completamente diferente que requer o século XXI, de modo que as instituições possam não somente se adaptar, mas também liderar a mudança e ter um papel preponderante na construção de um futuro melhor.

Esteve em debate, por exemplo, o desafio de formar recursos humanos qualificados para um mercado de trabalho em constante mutação. Como fazer isso sabendo que muitas das profissões do futuro ainda não foram sequer criadas? O caminho passa, certamente, pela

---

1 Algumas efemérides ocorreram em 2018 referentes à educação superior. Além do centenário da reforma de Córdoba, celebraram-se os 800 anos da Universidade de Salamanca, onde ocorreu um encontro como mais de 600 reitores, principalmente da Ibero-América. É sempre bom sair do cotidiano e participar de discussões sobre o futuro, sobre o direcionamento das universidades e os desafios de acompanhar as mudanças tão rápidas que estão ocorrendo no mundo.

educação de cidadãos éticos, plenos e com bases sólidas para acompanhar as mudanças velozes de um mundo cada vez mais conectado e globalizado.

Participei mais diretamente do terceiro eixo de discussão que abordava a contribuição das universidades no desenvolvimento social e territorial, do qual fui coordenador. Debateu-se amplamente sobre o fato de que as universidades refletem as profundas desigualdades socioeconômicas, regionais e étnicas na sociedade, mas que elas sozinhas não conseguem eliminá-las, além de ser não uma demanda exclusiva delas. Certamente não são apenas as universidades que vão resolver as profundas desigualdades presentes em nosso país, mas elas podem – e devem – ser parte importante na busca de soluções, atuando como agentes transformadores do sistema econômico e social, em diferentes graus e formas. Para isso, precisam fortalecer as conexões com diversos setores, incluindo, entre outros, os meios de comunicação, a iniciativa privada, a classe política, as organizações não governamentais e outras instituições públicas.

Por isso é importante que a formação continuada dos membros que compõem a comunidade universitária seja constantemente atualizada para atender às demandas da própria sociedade, de modo a promover a educação de cidadãos plenos e capazes de enfrentar os desafios de um mercado de trabalho dinâmico. As universidades precisam também fazer uma reflexão estratégica diante dos objetivos de desenvolvimento sustentável, em especial no âmbito de uma política universitária de cooperação social, que aspira à formação integral dos estudantes. Essa visão estratégica deve necessariamente incluir aspectos de acesso, equidade, diversidade, excelência, internacionalização e espírito inovador e empreendedor. Para atingir esses objetivos é fundamental buscar novas ideias e boas práticas, com a flexibilidade de se adaptar e mudar para poder atuar de modo contundente no desenvolvimento social e regional.

Comentário

Esta é uma versão preliminar de um artigo publicado na Folha de São Paulo, no caderno "Tendências e Debates", disponível em: https://www1.folha.uol.com.br/opiniao/2018/05/marcelo-knobel-as-universidades-num-mundo-em-transformacao.shtml, antes do encontro de Salamanca, na Espanha. É um chamado para a atualização das universidades, que precisam discutir o seu papel em um mundo que se transforma rapidamente. O artigo finalmente publicado conclui assim: "O mundo se transforma de maneira avassaladora, e as universidades têm de acompanhar essas mudanças, ou ficarão obsoletas".

GRÁFICA PAYM
Tel. [11] 4392-3344
paym@graficapaym.com.br